1 MONTH OF
FREE
READING

at

www.ForgottenBooks.com

By purchasing this book you are eligible for one month membership to ForgottenBooks.com, giving you unlimited access to our entire collection of over 700,000 titles via our web site and mobile apps.

To claim your free month visit:
www.forgottenbooks.com/free372326

ISBN 978-0-266-69448-9
PIBN 10372326

L'ENSEIGNEMENT COLONIAL
EN FRANCE
ET A L'ÉTRANGER

L'ENSEIGNEMENT COLONIAL

EN FRANCE ET A L'ÉTRANGER

PAR

Le Dʳ Édouard HECKEL

Professeur à l'Université

Directeur du Musée Colonial ~ Commissaire général adjoint de l'Exposition

ET

Cyprien MANDINE

Instituteur

MARSEILLE

BARLATIER, IMPRIMEUR-ÉDITEUR

17-19, Rue Venture, 17-19
—

INTRODUCTION

————

Cette notice montre le lent développement de l'enseignement colonial primaire en France et donne les moyens pratiques de faire grandir cette institution naissante; elle fait connaître l'extension considérable que l'enseignement colonial supérieur a pris en quelques années dans notre pays; elle indique enfin ce qui a été fait jusqu'à ce jour à l'étranger pour répandre les connaissances coloniales.

Cette étude est précédée d'un chapitre sur le rôle de l'éducation dans la colonisation moderne.

La politique coloniale des xvie, xviie et xviiie siècles, faite au profit de quelques privilégiés, avait tenu jalousement le peuple dans l'ignorance de ce qui se passait aux colonies. Il fallait cacher les procédés d'exploitation arbitraires et cruels qui favorisaient l'éclosion des fortunes fantastiques.

La colonisation moderne a, au contraire, pour base l'utilisation des richesses naturelles des pays lointains par des procédés rationnels et humains.

Dans une entreprise quelconque, les bénéfices ne sont-ils pas toujours la juste rémunération des sacrifices et des efforts consentis? La prospérité d'une exploitation agricole dans les contrées chaudes comme en pays tempérés, repose sur la mise en état du terrain, le choix judicieux des semences et l'entretien vigilant de la plantation.

Malgré leur productivité étonnante, les végétaux des tropiques ne peuvent, sans culture, donner d'abondantes et durables récoltes.

L'étude du climat, du sol et de la végétation des pays chauds, où se trouvent la plupart des colonies modernes, a été sérieusement entreprise de nos jours. L'expérience de savants spécialistes, ayant fait un long séjour en ces contrées, met à la disposition des colons des indications sûres qui leur éviteront bien d'ennuis et de coûteux tâtonnements.

La science qui a pour but de faire connaître l'histoire, la géographie, l'agriculture, le commerce, l'industrie des pays d'outre-mer, est devenue indispensable aux nations colonisatrices.

Chez les peuples où l'esprit colonial est très développé, l'éducation coloniale se fait surtout par la famille. Commencée dès la plus tendre enfance, cette éducation familiale n'est-elle pas la plus efficace? N'est-ce pas à ce goût précoce des entreprises lointaines, entretenu et développé par les parents, que nos voisins les Hollandais, les Belges et les Anglais doivent l'émigration abondante et régulière qui est le fondement de leur prospérité coloniale?

Nous sommes loin en France de pouvoir compter sur un si précieux facteur de la colonisation! Nos goûts, nos préjugés, nos mœurs, nos institutions étouffent, dès le jeune âge, les généreux élans, indices révélateurs de l'esprit d'entreprise, capable de concevoir plus tard l'idée d'un établissement colonial.

Puisque l'éducation nationale actuelle va tout à fait à l'encontre de la colonisation, nous devons, sans hésiter, y apporter les réformes nécessaires. Sapons les vieux préjugés qui éloignent tant de jeunes gens des carrières utiles (commerce, industrie, colonies) pour les lancer à la poursuite énervante des fonctions administratives!

Une vigoureuse campagne, entreprise par d'éminents écrivains, en faveur de cette réforme de l'éducation, a obtenu, il y a quelques années, un commencement de satisfaction. Pressé par l'opinion publique, le gouvernement a prescrit aux autorités académiques l'orientation des programmes des lycées vers les sciences susceptibles d'une application utile dans la vie.

C'est un premier pas, bien timide il est vrai, vers la réforme complète de l'enseignement public dans le sens des sciences économiques.

Il a paru logique de grouper sous l'appellation générale d'enseignement colonial primaire : 1° l'enseignement primaire proprement dit; 2° l'enseignement postscolaire ; 3° l'enseignement professionnel.

L'enseignement colonial primaire proprement dit se subdivisera en enseignement primaire élémentaire et en enseignement primaire supérieur. L'enseignement colonial primaire élémentaire, donné sous forme de causeries dans les classes inférieures, doit s'élever progressivement avec le développement intellectuel des élèves.

L'enseignement colonial primaire supérieur abordera résolument l'étude de la géographie, de l'histoire et des productions des pays lointains.

Quelques modifications rendront cet enseignement applicable aux écoles de filles. Pour fonder de saines et vigoureuses familles coloniales, il faut donner aux colons de courageuses et intelligentes compagnes.

Les notions coloniales reçues à l'école primaire doivent se développer au dehors dans les cours populaires.

De nombreuses sociétés se sont fondées, pendant ces dernières années, pour donner une instruction complémentaire aux jeunes employés et ouvriers. En inscrivant les matières coloniales dans les programmes de leurs cours, ces associations faciliteront le fonctionnement normal de l'enseignement colonial postscolaire.

L'enseignement colonial professionnel, ayant pour but la préparation spéciale des futurs colons, méritait d'être traité avec quelques développements.

Créé à la hâte et sans plan général d'ensemble, l'enseignement colonial supérieur ne possède pas encore la stabilité d'un organisme définitivement constitué. Il manque d'homogénéité et et d'unité de plan. Il faudra tailler dans la frondaison un peu touffue de cet arbuste vigoureux et régulariser sa végétation.

Depuis la reconstitution de notre empire lointain, l'enseignement colonial supérieur était devenu nécessaire. Les grands bouleversements politiques, les revers maritimes et coloniaux de la fin du xviiie siècle et du commencement du xixe avaient détourné les Français des entreprises coloniales.

Le souvenir des empires fondés par nos ancêtres en Amérique et en Asie semblait s'être évanoui. Gambetta et Jules Ferry, promoteurs de la politique coloniale française moderne, durent déployer une énergique persévérance et une grande éloquence pour démontrer à leurs concitoyens les avantages moraux et matériels de l'expansion française dans les pays neufs.

Pour combattre ce scepticisme à l'égard de l'avenir colonial de la France, pour rehausser le prestige des entreprises lointaines aux yeux de l'élite de la nation, il fallait créer un haut enseignement colonial.

Cet enseignement devait-il être un exercice de haute culture intellectuelle ou une préparation plus ou moins directe et pratique à la colonisation ?

Au troisième Congrès international d'enseignement supérieur, M. Caudel, maître de conférence à l'École libre des sciences politiques, a dit que l'enseignement colonial devait être « une préparation élevée, spéciale et directe à l'administration des colonies et aux entreprises coloniales ».

C'est également l'avis donné par M. Zimmermann, professeur à la Faculté des Lettres et à l'École de Commerce de Lyon, à la session de l'Institut international tenue à Rome en septembre 1905.

Au troisième Congrès d'enseignement supérieur, M. Maurice Courant, professeur à l'Institut colonial de Lyon, a émis une opinion contraire aux deux précédentes, et déclaré que cet enseignement devait être scientifique et désintéressé.

« Qu'il s'agisse, dit-il, de la colonisation en pays de souveraineté, de protectorat, ou de cette colonisation spéciale en pays étrangers, telle qu'elle se poursuit en Chine, au Siam, en Corée, colonisation n'est pas synonyme d'exploitation.

« A côté de l'exploitation agricole, industrielle, commerciale, eu un mot économique des pays colonisés, il y a l'organisation des rapports avec les indigènes ; il y a dans certaines limites plus ou moins étroites, la direction civile et morale des indigènes eux-mêmes ».

M. Henri Froidevaux a exprimé un avis à peu près semblable dans un rapport présenté à la session de l'Institut colonial international de Londres en mai 1903.

« Il faut, dit-il, que les maîtres de cet enseignement puissent, comme ceux des enseignements actuellement existants, faire œuvre haute et féconde, en se plaçant au-dessus des exigences d'un auditoire préocupé de résultats pratiques et en s'inspirant des méthodes scientifiques les plus rigoureuses ; il faut qu'ils puissent étudier librement devant ceux qui les écouteront avec tous les développements nécessaires, en se conformant strictement aux règles les plus minutieuses de la critique contemporaine, des sujets de leur choix, pour en mettre ensuite, en pleine lumière, avec toute l'autorité voulue, les conclusions ».

Cette question d'orientation ne paraît pas avoir été soulevée au moment de la création des cours coloniaux.

Inspirés le plus souvent par des considérations locales, ces cours donnent : les uns, une haute culture sans préoccupation d'utilisation immédiate ; les autres, un enseignement spécial visant l'établissement des jeunes gens aux colonies.

L'ENSEIGNEMENT COLONIAL

EN FRANCE ET A L'ETRANGER

CHAPITRE PREMIER

L'ÉDUCATION ET LES COLONIES

L'esprit guerrier et l'appât des richesses lointaines, hautement développés chez les anciens peuples, suffisaient pour les pousser hors de leurs frontières. Il était inutile d'éveiller et d'entretenir le goût des aventures chez des jeunes gens qui ne demandaient qu'à partir pour assurer la grandeur et la prospérité de la Patrie.

Quelles que fussent les idées inspiratrices de ces peuples belliqueux dans l'utilisation des pays conquis, on est surpris des résultats obtenus. Quel sens pratique du commerce chez les uns, quelle sûreté de méthode dans l'exploitation du sol chez les autres !

Les Phéniciens et les Grecs nous étonnent par le choix heureux des lieux dans l'établissement de leurs comptoirs sur les rivages méditerranéens. L'histoire a conservé le souvenir de ces villes africaines opulentes qui excitèrent la cupidité et la jalousie de Rome.

Plus merveilleuse encore nous apparaît, chez les Romains, la connaissance des meilleures conditions d'établissement d'une colonie agricole.

Cette intuition des choses de la terre avait fait du sol aride d'Afrique un champ fertile d'où Rome tira ses grains, son huile, ses fruits et ses légumes. Par disposition naturelle et par expérience acquise, les anciens peuples avaient su élever l'exploitation des colonies à la hauteur d'une véritable science.

Après les ténébreuses années du moyen âge, le goût des expéditions lointaines se réveilla chez quelques peuples. La découverte de la boussole permit à ceux-ci d'être plus audacieux que leurs devanciers.

Montés sur dé légers vaisseaux, ils s'éloignèrent des rivages méditerranéens et se lancèrent hardiment à la recherche de pays nouveaux.

L'Espagne eut le mérite d'ouvrir cette ère des expéditions maritimes qui devait faire connaître tant de terres nouvelles et ajouter un nouveau monde à l'ancien. Quel profit cette puissance tira-t-elle des riches pays qu'elle venait de placer sous sa domination, et comment utilisa-t-elle sa rapide fortune ? Oublieuse des remarquables leçons de colonisation laissées par les anciens peuples, et imbue de ce sectarisme étroit qui paralyse encore de nos jours son essor économique, elle commit, dès le principe, la lourde faute de vouloir calquer l'administration coloniale sur l'administration métropolitaine.

La noblesse, le clergé et les aventuriers prirent seuls part aux entreprises lointaines. Le peuple y demeura complètement étranger. Les vice-royautés, les capitaineries générales, les grands domaines terriens furent largement distribués aux gentilshommes et aux moines qui ne craignirent pas de s'expatrier. Attirés dans les contrées nouvelles par la passion du prosélytisme et l'appât des fortunes rapidement acquises, ces conquérants ne songèrent qu'à troubler les indigènes dans leurs croyances séculaires et à les rançonner durement.

Même après la découverte des mines d'or de l'Amérique du Sud, malgré les énormes richesses métalliques que les galions apportaient chaque année dans les ports de la péninsule, le fond de la nation espagnole ne tira aucun profit des colonies.

Au vice de l'administration coloniale qui reproduisait dans le Nouveau-Monde toutes les tares d'une société en décrépitude, s'ajoutait la jalousie de la métropole contre l'immixtion de tout étranger dans les affaires d'outre-mer.

Les relations commerciales, qui auraient pu être avantageuses pour le peuple dominateur et les pays soumis, se réduisaient à quelques caravanes maritimes, véritables flottes de guerre qui ne transportaient que certaines marchandises, partaient à époque fixe, suivaient toujours la même route, mouillaient dans les mêmes ports.

Les occupations commerciales, ces « officios viles y bascos » étaient dédaignées de la noblesse. Ainsi s'explique la nullité presque complète du commerce de l'Espagne avec ses colonies.

Le Portugal ne tarda pas à dépasser son orgueilleuse voisine dans la voie des expéditions maritimes. La découverte du cap de Bonne-Espérance ouvrit, à cette nation, la véritable route de l'Inde qu'avaient cherchée vainement jusqu'alors tant de navigateurs.

Les Portugais établirent de nombreux comptoirs dans la péninsule hindoustanique et prirent des mesures rigoureuses pour garder le monopole du commerce de ce riche pays. Ils pratiquèrent, avec une sauvage énergie, à l'égard des autres puissances, le système arbitraire du « mare clausum ». Visant exclusivement le commerce de l'Inde, ils ne songèrent pas à créer d'établissements durables dans cette contrée.

Lorsque les Hollandais et les Anglais les chassèrent de l'Océan Indien, ils se firent, sans scrupule, les grands pourvoyeurs de la main-d'œuvre noire des colonies à sucre d'Amérique, tirant ainsi profit du plus infâme trafic qui se soit jamais entrepris dans le monde.

Il serait toutefois injuste de refuser au peuple portugais toute qualité colonisatrice. La prospérité du Brésil, où sa race s'est implantée il y a quelques siècles, est due à la sage administration adoptée dès la prise de possession de ce pays.

L'affinité des races et l'esprit d'imitation devaient pousser les Français des XVIᵉ et XVIIᵉ siècles, qui se lancèrent dans les expéditions lointaines, à suivre l'exemple de leurs précurseurs les Espagnols et les Portugais. François Iᵉʳ, Henri IV, Richelieu, Colbert, Choiseul, instigateurs de la politique coloniale sous l'ancien régime, crurent assurer la prospérité des possessions extérieures de la France en les cédant à de grandes compagnies.

Malgré les retentissants échecs de ce système de grands monopoles, le gouvernement français ne chercha nullement à seconder les entreprises privées qui pouvaient seules donner de sérieuses garanties d'une longue prospérité. Il ne fut guère plus heureux dans son essai d'administration directe qui plaça l'agriculture et le commerce des pays d'outre-mer dans les mains de ses fonctionnaires.

Le gouvernement métropolitain avait pourtant le désir réel de posséder un domaine colonial florissant, mais il montrait des vues trop étroites dans l'administration de ce domaine et l'abandonnait à son propre sort, chaque fois que les affaires d'Europe prenaient une tournure inquiétante. Malgré cette incurie gouvernementale, les Français surent tirer parti de la fertilité du sol colonial et le défendre, avec leurs propres moyens, contre les convoitises étrangères.

La main-d'œuvre abondante et peu coûteuse, fournie par l'importation des nègres d'Afrique, donna aux colonies sucrières une prospérité colossale mais factice. Ce régime arbitraire et exclusif dans l'emploi des travailleurs et le choix des cultures ne pouvait avoir une existence durable. Ces colonies éprouvèrent un véritable désastre lorsque les nègres désertèrent les plantations au lendemain de la déclaration de leur émancipation par la Constituante. La culture de la betterave, en fournissant un nouveau producteur de sucre, acheva plus tard leur ruine.

Les expéditions coloniales, autrefois très intermittentes, étaient dues le plus souvent aux menées de lanceurs d'affaires qui faisaient entrevoir au gouvernement et au public de prétendues richesses lointaines à exploiter. Ces expéditions s'organisaient à grands renforts de réclame et de promesses fallacieuses, avec les éléments les plus hétéroclites : nobles ruinés, aventuriers, gens tarés, tout était bon pour fonder une exploitation coloniale.

Les émigrants, entassés sur les navires en dépit des prescriptions les plus élémentaires de l'hygiène, étaient débarqués dans des lieux où aucun logement, même provisoire, n'avait été préparé pour les recevoir.

La plupart de ces malheureux ne tardaient pas à succomber aux privations et aux maladies. Les catastrophes du Kourou et du Sinnamary en Guyane, où des milliers d'individus périrent en quelques mois, ont laissé de lugubres dates dans l'histoire de la colonisation française.

Le vieil édifice colonial, fondé sur l'incurie du gouvernement métropolitain à l'égard des colonies, les dispositions arbitraires et tracassières des gouverneurs vis-à-vis des colons, l'entrave à la liberté du travail par l'emploi de la main-d'œuvre esclave, la monoculture, fut ébranlé par les idées nouvelles qui se firent jour au cours du XVIIe siècle.

Restées longtemps étrangères à la politique d'expansion lointaine, la Hollande et l'Angleterre y entrèrent à leur tour vers 1600. L'état social, le tempérament et les besoins de ces deux nations du Nord différaient notablement de ceux des peuples du Midi qui, jusqu'alors, avaient été les seuls peuples colonisateurs. Leurs systèmes de colonisation devaient naturellement porter l'empreinte de leur esprit pratique et réfléchi.

Les Hollandais et les Anglais supplantèrent les Portugais et les Espagnols dans l'Océan Indien et dans l'Océan Atlantique. Pour conserver le monopole du commerce, ils eurent d'abord recours à des procédés draconiens qui rappelaient les mœurs jalouses de leurs devanciers. Ils les abandonnèrent résolument dès qu'ils en comprirent les défauts.

C'est dans l'administration et l'exploitation des pays soumis à leur domination que ces deux peuples montrèrent leurs merveilleuses qualités colonisatrices. Pour le peuple hollandais vivant sur une terre trop étroite, peu productive, souvent envahie par la mer, et le peuple anglais souffrant d'une longue crise agraire, la colonisation était devenue un besoin social.

Ces deux nations ne cherchèrent donc pas à acquérir des colonies pour la vaine gloriole de posséder un vaste domaine, mais pour les mettre sérieusement en rapport. De sages mesures, édictées par les gouvernements métropolitains, assurèrent la liberté religieuse des colons et des indigènes, et les associèrent dans la mise en valeur des terres.

Des légions de savants parcoururent les possessions nouvelles pour faire l'inventaire de leurs richesses naturelles : la terre, les plantes, les hommes et les animaux furent l'objet d'une étude approfondie. Pour favoriser les découvertes et en faire connaître les résultats, de superbes musées et jardins furent créés dans les métropoles et aux colonies. Des sociétés, largement pourvues d'ouvrages de vulgarisation, firent une active propagande en faveur des entreprises coloniales.

Ces dispositions montrent que les peuples du Nord avaient une conception de la colonisation très différente de celle des peuples du Midi. Pour eux, les colonies n'étaient pas des domaines de parade, entretenus à grands frais par la vanité métropolitaine, ni des pays propres à toutes les aventures, attirant ce que la vieille Europe avait d'extravagant et de taré. Elles devenaient un champ immense où toutes les activités humaines allaient se mouvoir.

Cette méthode nouvelle, fondée sur l'exploitation rationnelle des colonies, devait donner de superbes résultats : l'Inde, Ceylan, l'Insulinde se couvrirent de magnifiques plantations qui firent la fortune de l'Angleterre et de la Hollande.

Reconnaissant ses longues erreurs en matière coloniale et résolue à mettre effectivement en valeur ses vastes domaines d'outre-mer, la France a fait de sérieux efforts pour suivre ses puissantes rivales du Nord dans la voie des progrès coloniaux. L'opinion publique s'est franchement ralliée à la politique coloniale dont personne n'oserait aujourd'hui contester les heureux effets.

Si notre pays, longtemps courbé sous le cruel affront de l'année terrible, peut enfin redresser fièrement la tête ; si les principales puissances européennes, après l'avoir abandonnée au moment des revers, ont recherché plus tard son alliance ou son amitié, ne le doit-il pas en grande partie à son prestige colonial ?

L'indifférence de la France, en présence de la prise de possession des terres lointaines par les grandes puissances civilisées, l'aurait d'ailleurs réduite au rôle d'état secondaire. La constitution d'un empire colonial était une des nécessités les plus impérieuses de notre politique extérieure moderne. Mais il ne s'agit pas d'acquérir un grand domaine, il faut songer à le mettre en valeur.

Si, depuis une vingtaine d'années, quelques régions de nos possessions coloniales ont été mises en exploitation, que d'espaces sont encore incultes, que de richesses restent inutilisées ! Les perspectives les plus riantes, les promesses les mieux fondées n'ont pu décider jusqu'ici qu'un petit nombre de Français à se porter vers les colonies.

L'abaissement de la natalité, constaté de façon brutale par les derniers recensements, serait-il, comme on le dit parfois, la cause de cette faible émigration ? La réalité des faits prouve que la natalité d'une région augmente, au contraire, en raison directe de l'émigration. Pour s'en convaincre, il suffit de jeter les yeux sur le mouvement de la population en Angleterre, en Allemagne, en Italie, pays de forte émigration, et en France même, dans les Alpes et les Pyrénées, d'où partent chaque année de nombreux émigrants pour l'Amérique du Sud.

« Si la production d'hommes, a dit Eugène Poiré, est si féconde en ces pays, c'est parce que la demande d'hommes y est abondante. »

Le malaise économique de la France, résultant de l'insuffisance de ses débouchés à l'étranger, est une des principales causes de la dépopulation de notre pays.

La politique coloniale de ces trente dernières années a eu pour principal objectif ce besoin impérieux de trouver des marchés assurés aux objets sortant de nos usines et manufactures. Plus les colonies deviendront prospères et peuplées, plus le travail national se développera et deviendra rémunérateur. La prospérité agricole, industrielle et commerciale de la France est étroitement liée à celle de ses colonies.

Une étude démographique approfondie prouverait ainsi qu'au lieu de restreindre la population d'une nation, l'émigration contribue, dans une large mesure, à son accroissement.

Si nous n'émigrons pas, n'est-ce pas plutôt parce que nous avons perdu cette activité et ce goût d'aventures qui étaient si vivaces chez nos ancêtres ? Certaines boutades d'hommes d'État étrangers célèbres sur notre peu d'aptitude à la colonisation seraient-elles fondées ? Il a été dit chez nos voisins : « Que nous avions des colonies sans colons ; que nous formions un petit peuple de rentiers et de fonctionnaires incapables de concevoir et de diriger une entreprise coloniale. »

Les événements de ces dernières années semblent justifier la mordante ironie de ces paroles.

C'est dans nos institutions et nos mœurs qu'il faut chercher les véritables raisons de notre peu de penchant pour la colonisation. L'organisation administrative, les institutions scolaires, l'éducation familiale se prêtent un mutuel concours pour faire de nous des fonctionnaires, des employés, et non des colons.

L'attrait des carrières libérales exerce sur notre esprit une sorte de fascination qui nous cache les situations plus lucratives et plus indépendantes que nous pourrions nous faire dans le commerce, l'industrie et les colonies.

En France, tout père de famille aisée rêve de faire de son fils un avocat, un médecin, ou tout au moins un employé des postes ou des douanes. Laisser partir un fils (un fils unique le plus souvent) pour des régions éloignées, où la vie est forcément plus rude que dans notre doux pays, est un trop lourd sacrifice pour beaucoup de Français.

Le jeune homme est élevé dans la crainte de tout ce qui peut troubler la quiétude de l'existence. Les situations brillantes, que l'on ne peut acquérir sans audace et sans risque, lui sont montrées comme des mirages redoutables qu'il faut chasser bien vite de l'esprit. On lui fait entrevoir au contraire les avantages des situations toutes faites, où l'existence s'écoule béatement, sans effort et sans souci.

L'ambition de la plupart des Français est d'occuper un emploi qui leur rapporte chaque mois une somme déterminée et assure à leurs vieux jours une petite retraite. Peu importe que le salaire soit mesquin et la retraite dérisoire. On fera des prodiges pour joindre les deux bouts, mais on aura vécu, dans une douce somnolence, des jours exempts d'imprévu.

C'est pour mener cette vie obscure, pour remplir cette besogne passive que tant de jeunes gens se soumettent aux épreuves les plus difficiles et se résignent à accomplir des démarches souvent rebutantes.

« La France, a-t-il été dit quelque part, est plus une bureaucratie qu'une démocratie ».

L'attrait du fonctionnarisme cause à l'âme de la France des pertes irréparables. Il. étouffe les aspirations généreuses, tue les énergies individuelles, paralyse les ressorts de l'initiative privée et annihile les élans spontanés et aventureux.

Pour réveiller la vieille énergie de la nation et donner aux jeunes Français la fermeté de caractère, la hardiesse et la virilité dans les décisions indispensables à la réussite d'une affaire commerciale, industrielle ou coloniale, il faut entreprendre résolument la réforme de notre éducation nationale.

Tel qu'il fonctionne à l'heure actuelle l'enseignement public ne peut former des commerçants, des industriels et des colons. La durée des études est démesurément trop longue, les programmes sont encombrés de matières pour la plupart inutiles aux fonctions qui peuvent contribuer à la richesse du pays. Ceci s'applique en particulier à l'enseignement secondaire qui façonne cette bonne bourgeoisie si calme et si économe, mais si craintive en présence d'une affaire hardie.

La nécessité d'orienter les études secondaires vers les connaissances pratiques, devenues indispensables dans l'existence moderne, a fait couler des flots d'encre et remuer tout un monde d'écrivains et de pédagogues.

Pour ébranler le vieil édifice universitaire, il fallait rassembler toutes les forces, viser le point vulnérable et mener rondement l'attaque. Les chefs des troupes assaillantes, Frary, Bonvalot, Lemaitre, Lavisse, Demolin, Hanotaux, etc., ont conduit le siège avec vaillance et énergie. Par la brèche faite à l'antique muraille passera la réforme qui doit rajeunir notre enseignement public et lui infuser la vigueur indispensable à la formation d'hommes actifs et énergiques.

Souhaitons que ce beau mouvement ne s'arrête pas là, et qu'on ne craigne pas de donner les vigoureux coups de bélier qui sont encore nécessaires !

Pour être profitable à la jeunesse scolaire tout entière, cette réforme devrait s'étendre de l'enseignement primaire à l'enseignement secondaire, de manière à établir entre eux un trait d'union.

Les écoles professionnelles permettent aux jeunes gens qui se destinent aux carrières industrielles, commerciales ou agricoles de recevoir une préparation technique complète.

Il n'existe actuellement en France qu'un établissement colonial pratique : c'est l'école du Parangon, créée par M. le docteur Rousseau à Joinville-le-Pont.

Les fils d'ouvriers ou d'employés, éloignés de cette ville, qui n'ont pas la faculté de suivre l'enseignement colonial supérieur dans les instituts coloniaux, ne peuvent recevoir aucune préparation coloniale spéciale.

Il y a une extrême urgence à doter la France d'une organisation qui doit contribuer largement à la prospérité de ses colonies.

L'histoire des peuples colonisateurs anciens et modernes montre que l'exploitation des pays d'outre-mer doit reposer sur la science. Les nations qui ont cru faire de la colonisation en organisant des équipées aventureuses et en exploitant à outrance les indigènes et les produits du sol, n'ont eu qu'une prospérité coloniale éphémère.

L'Espagne, immuable dans ses préjugés et ses vieilles idées de domination, a vu ses colonies lui échapper.

Ces idées nouvelles sur l'utilisation rationnelle des colonies ont commencé à germer en France il y a une trentaine d'années. Les hommes perspicaces qui ont entrevu le relèvement de notre pays par la reconstitution d'un domaine colonial prospère, ont pensé qu'il fallait faire une éducation spéciale de la jeunesse, du public et des capitaux français.

Former une avant-garde d'élite pour les entreprises coloniales avec les jeunes gens sortant de nos grandes écoles, était une nécessité des plus urgentes. Rien de sérieux ne pouvait, en effet, être tenté aux colonies sans les ingénieurs qui dressent les plans, les chefs de comptoirs qui amorcent les courants commerciaux, les agronomes qui jettent les bases des grandes exploitations agricoles.

Il fallait ensuite signaler aux industriels et aux commerçants les affaires lucratives qui s'offraient à leur activité ; engager les capitalistes à sortir de leur méfiance habituelle à l'endroit des entreprises coloniales.

Trois institutions, différentes par leur organisation mais se prêtant un mutuel appui, furent chargées de poursuivre ce triple but : 1° l'enseignement colonial supérieur destiné aux élèves des grandes écoles de commerce et d'agriculture ; 2° les conférences publiques s'adressant spécialement aux commerçants, aux industriels et aux capitalistes ; 3° la presse coloniale.

De cette conception très nette des nécessités de notre nouvel empire sont sortis : 1° les instituts coloniaux des principales villes de France, conçus sur le modèle de celui de Marseille ; 2° les écoles d'agriculture coloniale ; 3° les conférences publiques organisées par les sociétés de propagande coloniale, les chambres de commerce et les sociétés de géographie ; 4° les publications coloniales, admirables instruments de propagande et de vulgarisation, chargées de répandre dans le public, sous forme de journaux, brochures, bulletins, les nouvelles et les documents les plus variés et les plus authentiques sur les évènements coloniaux.

L'application de cette première partie du vaste programme d'éducation coloniale donne depuis plusieurs années les plus brillants résultats. Une pléiade de jeunes gens, sortant des instituts coloniaux, ont déjà posé les premiers jalons de la mise en valeur de nos colonies. De nombreux chantiers ont été ouverts pour créer l'outillage économique (ports, chemins de fer, canaux, etc.) indispensable à l'utilisation des richesses agricoles et minières. De grandes plantations de café, de riz, de cacao, de caoutchouc, de vanille, etc., ont été entreprises dans la plupart de nos possessions africaines et asiatiques.

Les gisements métallifères, signalés en divers points, donneront lieu incessamment à de grandes exploitations. Les compagnies coloniales, qui ont besoin de capitaux importants, trouvent déjà moins de résistance chez les capitalistes français. Jusqu'ici, les entreprises étrangères pouvaient à leur gré puiser dans les caisses de notre épargne nationale, tandis que les entreprises françaises, présentant d'aussi sérieuses garanties que les précédentes, se voyaient impitoyablement évincées.

Puisque la bourgeoisie française est enfin acquise aux entreprises coloniales, le moment est venu d'y intéresser la nation tout entière. L'œuvre d'expansion lointaine, reprise avec tant d'énergie et de succès par la troisième République, n'a pas été créée pour le profit de quelques-uns, mais dans l'intérêt de tous les Français.

Les véritables artisans de l'exploitation de nos colonies doivent se recruter parmi les travailleurs animés du désir d'améliorer une situation médiocre. C'est dans le peuple que réside l'avenir colonial de la France.

CHAPITRE II

ENSEIGNEMENT PRIMAIRE

---

§ 1. — *Historique.*

Au lendemain de la formation de notre empire lointain il fallut, sans retard, organiser l'enseignement colonial supérieur qui devait fournir l'état-major des grandes entreprises naissantes. Sans cette nécessité impérieuse, on aurait sans doute songé d'abord à introduire les éléments de la science nouvelle dans les écoles communales, car l'enseignement primaire doit être la base de l'éducation coloniale.

C'est par l'enfance que cette éducation pénétrera dans l'âme de la nation française. Pour être sérieuses et définitives, les vocations coloniales doivent naître à l'école primaire. L'enfant sera initié aux choses d'outre-mer en même temps qu'aux premiers éléments de la ·langue maternelle.

L'importance de l'enseignement primaire dans la colonisation a été reconnue même chez les nations où l'éducation coloniale se fait dans la famille. Pour acquérir l'instruction générale qui leur est nécessaire, les futurs colons doivent recevoir un enseignement méthodique qui ne peut être donné par les parents.

En France, où la famille se montre généralement réfractaire à la colonisation, il a paru de bonne heure indispensable d'organiser sérieusement l'enseignement colonial populaire. Chacun reconnaissait l'urgence d'initier les jeunes Français aux connaissances coloniales, mais personne n'osait indiquer une méthode, ni dresser un programme.

Nul n'était mieux qualifié pour tracer ce programme que M. le docteur Heckel, qui fut un des créateurs de l'enseignement colonial supérieur en France.

Dans un article, publié par la *Dépêche Coloniale*, au mois de mai 1901, le fondateur de l'Institut Colonial de Marseille, s'exprimait ainsi :

« Jules Ferry disait qu'en matière d'enseignement comme en beaucoup d'autres choses, il fallait imiter la nature dans ses procédés. Elle éclaire d'abord les hauts sommets pour étendre ensuite aux plaines les bienfaits de sa lumière. C'est ce qui a été fait jusqu'ici en France, avec beaucoup de discrétion du reste, en ce qui touche à l'enseignement colonial, et on peut dire que Marseille est actuellement le sommet le plus éclairé de notre pays avec ses onze chaires supérieures de matières coloniales, créées à mon instigation et sur mon programme, tant par la municipalité que par la Chambre de Commerce. Mais la sollicitude de nos administrations doit-elle se borner à cet effort ? Non, sans doute. Dans leur période agricole actuelle, les colonies françaises n'ont pas seulement besoin de cerveaux pour diriger leurs destinées, il leur faut encore; il leur faut surtout des bras intelligents, car c'est certainement la main-d'œuvre blanche, métropolitaine qui manque le plus. Les colonies à population dense et à main-d'œuvre indigène bien assurée, comme l'Indo-Chine sont rares.

« Nos vieilles colonies (Antilles, Guyane, Réunion, Nouvelle-Calédonie) comme les plus nouvelles (Congo, Madagascar, Soudan) souffrent de cette pénurie de bras et il faut renoncer à les emprunter à d'autres continents. De cette condition découle le rôle réservé à l'enseignement primaire pour assurer ce recrutement nécessaire.

« On a bien trouvé le soldat colonial libéré, devenu propriétaire et laboureur, mais cet instrument si bien manié qu'il soit, comme l'a fait avec grand bonheur le général Galliéni à Madagascar, ne constitue qu'un mode d'enrôlement agricole restreint. Pour l'étendre, il faut introduire les forces vives de la nation par l'instruction des travailleurs urbains et ruraux.

« Là seulement se trouve la véritable source d'une main-d'œuvre utile tant agricole qu'industrielle, l'éducation coloniale de la jeunesse française n'étant, en fait, qu'un mode d'éducation professionnelle dirigée vers l'exploitation fructueuse des domaines d'outre-mer, prolongement de la France. L'heure est donc venue d'organiser cet enseignement primaire sur des bases solides, à l'imitation de ce qu'ont fait avant nous les peuples colonisateurs de l'Europe.

« A cet égard, l'exemple donné par la Hollande est digne d'intérêt.
Dans ce petit pays, toutes les classes primaires comportent des leçons
de choses coloniales destinées à fixer de bonne heure l'attention de
l'enfant sur les productions des Indes Néerlandaises. Les récompenses
obtenues par les élèves sont données particulièrement sous forme de
bons points portant au recto des images coloriées de ces produits ;
au verso, leur histoire abrégée et leur valeur commerciale. Des vues
illustrées, des paysages tropicaux sont joints à ces bons points pratiques. Enfin, des sujets de dictée coloniaux et des compositions bien
choisies sont imposés, une fois au moins par semaine, dans chaque
classe. Il s'est ainsi créé une véritable littérature coloniale.

« Voilà pour l'instruction. Quant au sens colonial, il est aiguisé
par des sentences qui s'étalent en grandes lettres dans toutes les
classes, comme celle-ci par exemple : « La mise en valeur méthodique
des colonies fait les petits peuples grands et prospères ». On peut
préjuger, par cet exemple, le caractère que devra revêtir l'enseignement primaire colonial en France pour être fructueux.

« Envisageons dans une vue d'ensemble les conditions auxquelles
devra répondre sa méthode, son programme et ses éducateurs.

« La méthode doit être la charpente et le support de toute éducation. Elle en sera ici l'unique agent par cela même qu'elle sera appelée
à former le *caractère national colonial* en développant le *sens colonial*
et l'*énergie coloniale*, sources premières de la *vocation coloniale*. Le
sens colonial se formera par le choix judicieux des sujets de compo-
sitiou et par les procédés d'exposition du maître (leçons de choses).
Celui-ci devra se borner à un enseignement concret portant sur des
faits ; par exemple, la notion des graines grasses coloniales avec leurs
applications à une ou plusieurs industries locales dominantes, comme
la stéarinerie et la savonnerie à Marseille.

« Le procédé consistera dans l'exposé précis des faits, des choses
vécues, dans une narration attachante rendue facile à suivre et
attrayante par des documents, des échantillons et des vues photographiques, ce qui impliquera la création préalable de collections et
de musées scolaires coloniaux, très élémentaires, mais très exacts.

« L'*énergie coloniale* résulte de l'éducation, mais elle a pour principal facteur le goût personnel de l'action et de l'initiative hors de la
mère-patrie. Il doit s'y mêler un peu d'entraînement raisonné vers les
choses nouvelles. Le tempérament individuel joue un grand rôle dans

le développement de cette énergie qui nécessite pour son complet épanouissement une éducation physique et manuelle continue depuis l'enfance jusqu'à l'adolescence et à l'âge viril.

« C'est la manifestation des qualités d'homme dans leur plus vivante expression. Le colon, à tous les degrés, ne peut s'en passer. Il lui faut surtout la puissante et pleine maîtrise de soi-même jointe à la gymnastique de volonté qui permet de faire succéder heureusement l'action à l'idée, sans l'obsession de la crainte des obstacles et des aventures.

« La *vocation coloniale* s'éveillera avec la confiance en soi résultant du développement de l'énergie coloniale et surtout par la confiance dans les entreprises coloniales petites ou grandes, industrielles ou agricoles.

« Le sens de l'intérêt, base de la vocation, sera aiguisé par la solution même des petits problèmes coloniaux ; devis d'exploitations et d'entreprises, bénéfices culturaux etc., et par l'exposé de la vie coloniale, libre, sans contrainte, large et dépouillée des conventions rigides qui régissent les sociétés en Europe.

« Le programme, dans ses traits essentiels, doit être caractérisé par l'esprit scientifique et la rigueur des faits la plus absolue ; rien ne doit rester livré à l'interprétation du maitre.

« Mais programmes et méthodes ne vaudront que par les éducateurs qui auront la charge de les appliquer. Il leur faudra donc, dès le début, se préoccuper de la formation des moniteurs et de l'introduction des leçons de choses coloniales dans les programmes des écoles normales d'instituteurs. Un réel esprit scientifique, se traduisant par la précision des données, devra les animer. Dans une entreprise où il n'est pas possible de se leurrer de phrases et de se contenter d'à peu près; il faudra en outre à ces maîtres un sens très pratique qui s'arrête aux choses et envisage en tout les voies, les moyens, les procédés et les résultats. Ils n'insisteront point, par exemple, sur l'histoire et la géographie coloniales, déjà ébauchées dans les cours scolaires, mais donneront la prééminence à l'économie coloniale, base de toutes les connaissances utiles pour le colon.

« Pratiquement, il conviendrait donc d'instituer dès aujourd'hui des conférences mensuelles dans les écoles normales d'instituteurs et même d'institutrices, la femme étant, dès qu'elle est devenue mère, le principal ennemi de la colonisation.

« Plus tard, les programmes coloniaux des écoles normales ayant fait leur œuvre, il conviendra d'organiser des conférences cantonales aux instituteurs pour leur rappeler l'enseignement déjà reçu, les tenir au courant des questions d'actualité et stimuler leur ardeur. Ces conférences seraient forcément accompagnées et agrémentées de documents empruntés à des musées coloniaux semblables à celui que j'ai créé à Marseille.

« En résumé, pour l'éducation de la jeunesse française en vue de la colonisation, pour la formation d'instituteurs qui collaborent à cette œuvre, il est actuellement de toute première nécessité de créer des cours de pédagogie coloniale. De cette façon, on assurera de bonne heure la formation des vocations coloniales, on développera dans ce pays le sens colonial et, par surcroît, on formera pour les colonies une pépinière d'instituteurs capables qui pourront y rendre, par cette préparation préalable, des services utiles dès leur débarquement. Ils arrivent aujourd'hui dans nos colonies en véritables étrangers, sans initiation première aux exigences du nouveau milieu qui s'ouvre devant eux. »

Prenant un vif intérêt à la question soulevée par M. Heckel, M. Belin, recteur de l'Académie d'Aix, voulut connaître le sentiment des instituteurs de son ressort à ce sujet.

Pour donner à l'étude de l'enseignement proposé toute l'ampleur désirable, il nommait une commission composée des principaux fonctionnaires de l'enseignement primaire du département des Bouches-du-Rhône qu'il convoquait au siège de l'Académie, le 30 mai 1901.

Les membres de la réunion que M. le Recteur tint à présider lui-même devaient émettre leur avis sur les questions suivantes :

I — « Convient-il, en Provence, d'orienter délibérément notre enseignement primaire du côté des questions coloniales ? ».

II. — « Pouvons-nous le faire tout en respectant les programmes que nous sommes dans l'obligation d'appliquer et de faire appliquer? ».

III. — « Quels sont les exercices que nous devrions pratiquer pour arriver au but que la commission se propose d'atteindre ? ».

IV. — « Afin de donner une sanction réelle à ces études d'un caractère peut-être nouveau, quelles modifications, si la chose paraît nécessaire, faudrait-il apporter aux examens actuels des deux certificats d'études et des deux brevets ? ».

Les limites imposées à cet ouvrage ne permettent de donner qu'un résumé des intéressants débats de cette assemblée.

Répondant à la première question, M. l'Inspecteur d'Académie Causeret montre la nécessité de donner des notions coloniales aux enfants des écoles primaires ; mais il pense que l'orientation des programmes actuels vers les choses d'outre-mer suffira largement à atteindre le but poursuivi. Le maître restera libre de choisir le moment où, sans nuire aux autres matières du programme, il pourra faire quelques courtes digressions dans le domaine colonial.

M. Taillefer, inspecteur primaire à Arles, tout en reconnaissant l'importance de l'empire colonial français et la nécessité de l'exploiter, ne croit pas prudent de faire de la propagande coloniale dans la région agricole d'Arles, où des terres immenses ne peuvent être cultivées faute de bras. Il pense que les populations riveraines de la Méditerranée, plus familières avec les choses lointaines, devraient fournir les colons nécessaires à l'exploitation de nos colonies.

L'argument de M. Taillefer pourrait s'appliquer à n'importe quelle région de la France. Des bords de la Méditerranée aux rives de la Manche, des Alpes à l'Océan Atlantique et aux Pyrénées, on rencontre des terres en friche. Partout, les paysans désertent les campagnes pour se porter vers les villes.

Les causes de cet exode sont multiples : attrait des grandes villes, tyrannie du fisc, dureté des lois successorales, insuffisance des débouchés pour les produits agricoles, indifférence des pouvoirs publics pour la création de canaux d'irrigation, de routes et de voies ferrées, etc.

Que le Parlement se montre plus généreux à l'égard des populations rurales, que les sociétés de prévoyance, d'assistance et de crédit s'organisent dans les campagnes, et l'agriculture pourra compter sur une main-d'œuvre abondante dont le surplus sera utilement employé aux colonies.

La propagande coloniale en rappelant aux populations des campagnes le charme et les avantages des travaux champêtres, aura pour résultat certain de détourner les ouvriers agricoles des emplois si encombrés des villes, d'en décider quelques-uns à s'établir aux colonies et de fixer les autres au sol natal.

M. Mallet, directeur de l'École Normale d'Aix, pense que l'enseignement colonial, répandu dans toutes les écoles, aura la plus heureue influence sur la colonisation. Lorsque les Français connaîtront leur nouveau domaine, ils n'hésiteront plus à donner aux hommes énergiques qui sont partis pour l'exploiter, l'aide morale et les ressources pécuniaires dont ils ont besoin.

M. Simian, directeur d'école supérieure à Marseille, après avoir exposé les causes qui retiennent les jeunes Français au foyer paternel, prouve que la crise agricole, loin d'être aggravée par le fait de la colonisation, cessera, au contraire, lorsque nos campagnards, sûrs de trouver au loin des terres productives, ne craindront plus d'avoir de nombreux enfants.

Il combat ce préjugé, répandu dans un esprit de dénigrement mesquin par les ratés de la colonisation, que les colonies sont des pays malsains.

Si le climat de ces contrées fait parfois des victimes parmi la population européenne, ne doit-on pas généralement en attribuer la cause au mépris des règles de l'hygiène tropicale ? En foulant le sol colonial, l'Européen doit renoncer à ses vieilles habitudes et adopter un régime alimentaire et une hygiène conformes au climat du pays où il s'établit.

Les adversaires de la politique coloniale disent volontiers que dans toutes les expéditions lointaines, le climat a tué plus d'hommes que l'ennemi.

Mais tout le monde sait avec quelle incurie et quelle méconnaissance des conditions spéciales de l'existence en pays chauds, ces expéditions furent organisées et conduites.

D'ailleurs, certaines colonies, longtemps réputées malsaines, se sont assainies à la suite des travaux entrepris par l'Administration. Notre belle Algérie, aujourd'hui si fréquentée en hiver par les malades et les oisifs de la métropole, a eu elle-même son heure d'insalubrité.

M. Simian conclut en indiquant les situations coloniales nombreuses et lucratives offertes aux jeunes gens actifs, et demande pour eux une préparation spéciale. Il croit que l'avenir de nos colonies réside dans leur exploitation rationnelle entreprise par des Français.

M. Toutey, inspecteur primaire à Marseille, a quelques scrupules sur l'efficacité du rôle que les instituteurs peuvent remplir en matière de colonisation. M. Mallet partage cette inquiétude, mais il pense que les instituteurs deviendront les apôtres de l'expansion coloniale lorsqu'on leur aura montré le magnifique empire que la France s'est taillé dans le monde.

La commission ne reconnait pas la nécessité d'organiser l'enseignement colonial primaire sur de larges bases, mais elle estime que des notions coloniales doivent être données dans toutes les écoles.

Abordant la deuxième question, M. Taillefer propose l'élaboration d'un programme spécial rendu nécessaire par la multiplicité des connaissances coloniales. Tel n'est pas l'avis de M. le Recteur qui croit préférable de laisser, à ce sujet, toute initiative à l'instituteur. M. Toutey demande que les programmes scolaires soient largement ouverts aux idées coloniales.

M. l'Inspecteur d'Académie insiste sur la nécessité de faire naître les vocations coloniales à l'école primaire.

La Commission décide de ne pas toucher aux programmes et laisse aux instituteurs le soin d'orienter leur enseignement vers les questions coloniales.

Invité par M. le Recteur à se prononcer sur l'opportunité de l'enseignement colonial dans les écoles primaires supérieures, M. Simian fait un chaud plaidoyer en faveur de cet enseignement et en trace le programme.

M. Mallet indique comment on pourrait trouver chez les instituteurs des propagateurs éclairés et convaincus de la colonisation. Il propose d'instituer : 1° des conférences pour les élèves des écoles normales et pour les instituteurs en exercice ; 2° de créer un musée d'éducation coloniale à Marseille avec succursales dans les écoles normales.

Mlle la Directrice de l'Ecole normale d'Aix demande que les jeunes filles bénéficient de l'enseignement colonial au même titre que les garçons. Une sensibilité excessive et une fausse idée de la vie coloniale ont fait, jusqu'ici, des femmes françaises des adversaires irréductibles de la colonisation. De tels sentiments ne sont plus en harmonie avec les exigences de la vie moderne. Les femmes ne peuvent rester étrangères à l'évolution qui s'accomplit à notre époque. Loin de s'opposer au départ de leurs époux ou de leurs frères, pour les contrées lointaines, elles doivent se faire à l'idée que, sans elles, il ne peut y avoir de véritable colonisation.

La question des exercices se trouvant épuisée par suite de la décision de l'assemblée sur celle des programmes, M. le Recteur propose de passer à la discussion de la question des examens.

M. l'Inspecteur d'Académie voit un réel inconvénient dans

l'introduction des notions coloniales aux examens si compliqués de l'enseignement primaire. M. Toutey pense que les questions coloniales facultatives ne sauraient être préjudiciables aux matières obligatoires de ces examens.

En concluant, la Commission ne juge pas utile d'organiser l'enseignement colonial primaire sur des bases étendues et avec un programme distinct, mais elle manifeste le désir de voir l'enseignement primaire orienté vers les questions coloniales. Ses décisions exerceront une heureuse influence sur le développement de l'éducation coloniale populaire.

Lorsque les instituteurs seront convaincus que l'avenir de l'industrie et du commerce français réside dans la prospérité de notre domaine colonial, et que par eux seuls peut se faire l'éducation première des futurs colons, ils trouveront de nombreuses occasions de parler des colonies à leurs élèves. Mais, comme l'a dit M. Mallet, il faut, au préalable, créer l'outillage indispensable au nouvel enseignement et organiser sérieusement celui-ci dans les écoles normales.

Le mouvement provoqué par M. Heckel dans les Bouches-du-Rhône en faveur de l'enseignement colonial primaire, propagé dans quelques autres départements, se manifesta avec un réel entrain dans la région parisienne.

M. Joseph Chailley, député de la Vendée et directeur général de l'Union Coloniale, dont le merveilleux talent et la prodigieuse activité s'emploient à la réalisation des œuvres coloniales les plus fécondes, comprenant l'étendue des services que les instituteurs pourraient rendre à la colonisation en initiant leurs élèves aux choses d'outre-mer, traça aux maîtres primaires du département de la Seine un magnifique programme d'enseignement colonial.

M. Bédorez, directeur de l'enseignement primaire du département de la Seine, prit, de concert avec M. Chailley, l'initiative d'une série de conférences destinées aux membres de l'enseignement primaire.

Stimulés par l'éloquence des conférenciers, les instituteurs de la capitale ne tardèrent pas à orienter leur enseignement vers les questions coloniales. Aussi, pour être sincère, doit-on reconnaître que les progrès de l'enseignement colonial primaire ont été plus rapides à Paris qu'en Province.

Un exemple de généreuse initiative, qui n'a malheureusement été imité dans aucune autre contrée de la France, fut donné en 1902 par

M. le docteur Rousseau, propriétaire du Parangon, ancienne résidence d'été de Mme de Sévigné, située sur les bords de la Seine, à Joinville-le-Pont.

Pour fournir à nos colonies les chefs-ouvriers qui leur font actuellement défaut, M. Rousseau eut la louable pensée de créer dans son magnifique domaine, un établissement d'enseignement exclusivement colonial. La durée des cours de cette école est de trois ans. Pendant la première année les élèves reçoivent une instruction primaire qui les prépare aux études professionnelles des deux autres années.

Des détails complets sur la situation topographique, l'aménagement, le fonctionnement et le programme de l'institution du Parangon seront donnés dans le chapitre de l'enseignement colonial professionnel.

Pour gagner l'opinion publique à l'œuvre de l'éducation coloniale populaire et la tenir au courant des efforts accomplis dans ce but sur divers points de la France, il fallait recourir à la publicité des journaux.

Parmi les écrivains qui prirent une part active à cette campagne de presse, il convient de citer M. Gaston Valran, docteur ès-lettres, professeur d'histoire et de géographie au lycée d'Aix (Bouches-du-Rhône); MM. Lorin, Didier, Lemire, publicistes. MM. Chambeurland et Demoulin, instituteurs à Paris, et M. Mandine, instituteur à Marseille, apportèrent à cet intéressant débat les idées suggérées par leur expérience journalière.

§ 2. — Comment introduire les notions coloniales dans les programmes scolaires?

Malgré l'initiative prise dans certaines régions par les autorités académiques, les conférences populaires organisées dans quelques autres, la propagande active entreprise par des hommes dévoués, l'enseignement colonial primaire n'a fait en France que de faibles progrès. Si les livres de classe (traités d'histoire, de géographie, ouvrages de lecture) accordent une plus large place aux notions coloniales, on doit constater avec regret que l'intervention du maitre fait toujours défaut.

Il faut bien reconnaître que si l'enseignement colonial primaire progresse lentement, c'est qu'il n'a pu pénétrer jusqu'ici dans les programmes scolaires. Lié par un emploi du temps où chacune de ses minutes lui est minutieusement comptée, l'instituteur ne peut parler assez souvent des colonies à ses élèves.

L'encombrement des programmes, rendant très difficile l'introduction de matières nouvelles, a été le grand obstacle auquel s'est heurté, dès le début, l'enseignement colonial primaire.

Il est pourtant assez étrange que les difficultés qui arrêtent aujourd'hui l'essor de cet enseignement n'aient pas surgi en d'autres occasions : lorsqu'il s'est agi, par exemple, d'organiser ces fameux travaux manuels qui ont fait perdre de si précieux moments aux maitres et aux élèves. Serait-il donc plus utile d'apprendre aux jeunes Français à reproduire, plus ou moins fidèlement, un modèle en papier ou en plâtre, que de leur parler de leurs immenses territoires d'au-delà des mers ?

Puisque les programmes sont trop chargés, le seul moyen de les rendre accessibles aux matières nouvelles, c'est de les alléger des parties devenues caduques. En matière d'enseignement, comme en toute chose, devons-nous rester stationnaires? Pouvons-nous, spectateurs impassibles, assister aux changements fréquents qui, tout autour de nous, sous l'influence des nécessités de la vie moderne, s'opèrent dans les choses? Cette inertie serait l'abnégation des qualités d'initiative qui caractérisent notre race.

Les Américains, les Anglais, les Belges et les Allemands ne craignent pas de répudier les vieilles méthodes pour marcher de l'avant et arriver, par les moyens les plus rapides et les plus sûrs, à la réalisation des conditions nouvelles de l'existence.

Grâce aux efforts éclairés et persévérants du corps enseignant tout entier, de grands progrès se sont accomplis depuis quelques années dans l'enseignement primaire. Les programmes rajeunis s'adaptent mieux aux besoins futurs des élèves. A l'étude de la langue française, de la géographie, de l'histoire et de l'arithmétique, qui constituent la base de cet enseignement, se sont ajoutées les sciences usuelles (agriculture, mines, pêche, arpentage, dessin industriel, etc., pour les garçons; couture et entretien du ménage pour les jeunes filles.)

Pourtant un simple coup d'œil jeté sur les programmes scolaires suffirait pour reconnaître que quelques-unes de leurs parties pourraient encore être modifiées. La langue française renferme des difficultés innombrables. Que d'attention ne faut-il pas à un enfant pour comprendre d'abord, pour retenir ensuite les règles de notre inextricable syntaxe ! Des exceptions aussi nombreuses qu'injustifiées, s'ajoutant à chacune de ces règles comme une escorte obligatoire, viennent compliquer à plaisir cette pénible étude.

Un des inspecteurs les plus distingués de l'enseignement primaire de France disait récemment au sujet des difficultés de notre langue : « On ne peut éternellement conserver une orthographe qui rebute les étrangers, qui les éloigne de l'étude de notre langue, qui entrave notre expansion dans le monde, qui retarde notre pénétration dans les colonies et qui, prenant à tous nos petits Français le meilleur de leur temps, absorbe inutilement de précieux efforts. »

La réforme de l'orthographe est un besoin économique et social pour la France. Réclamée depuis longtemps par Barrés, Faguet, Paul Meyer et Frédéric Passy, elle paraît enfin devoir entrer dans la voie des réalisations pratiques. Ce sera pour nos écoliers un véritable soulagement qui leur rendra possible l'étude des connaissances nouvelles.

Des remarques à peu près analogues pourraient être faites pour quelques autres parties du programme. Ainsi l'histoire de France est généralement enseignée avec un luxe de détails qui absorbe de précieux moments. Ou pourrait, par exemple, glisser plus rapidement sur cette longue et obscure époque mérovingienne, où l'ambition des Maires du Palais dispute le pouvoir à l'inertie des Rois Fainéants.

Il faudrait peut-être aussi se montrer moins exigeant pour les récits de guerre et pour les dates. Dans l'étude de l'histoire, le jugement doit avoir une part aussi large que la mémoire. Il est aussi nécessaire d'apprendre aux enfants à démêler les causes des évènements que de leur faire connaître les moindres détails de leur évolution.

Quelques modifications pourraient également être apportées à l'étude de la géographie. Ne serait-il pas plus utile, notamment, de chercher à connaître les principaux centres industriels et commerciaux de la France que de s'attarder à l'étude fastidieuse des sous-préfectures ?

Au lieu de s'arrêter à ces infimes sous-affluents et à ces minuscules rivières, décorées quelquefois, fort improprement du titre pompeux de fleuves côtiers, il faudrait montrer le rôle économique des grandes artères fluviales. Les fleuves et les rivières fournissent à l'industrie la force motrice ; au commerce, les voies de transport les moins coûteuses ; à l'agriculture, l'eau nécessaire à l'irrigation.

Un examen plus approfondi des programmes permettrait de faire d'autres remarques, mais il est inutile de multiplier les exemples. Il suffit de montrer qu'en élagant certaines parties de ces programmes, on pourrait très aisément y introduire les notions coloniales.

§ 3. — *Programme primaire élémentaire.*

Instruction. — S'adressant à une population scolaire composée d'éléments très différents sous le rapport de l'âge et de l'intelligence, le programme colonial primaire élémentaire devrait être assez élastique pour se mettre au niveau intellectuel de chaque classe.

Dans les cours élémentaire et moyen, il suffirait de dire un mot de l'œuvre accomplie par les colonisateurs les plus célèbres : Cartier, Montcalm, Dupleix, Brazza, Ballay, Gallieni. Les petites lectures, les entretiens familiers sur la vie coloniale, les mœurs des indigènes, les travaux et les distractions des Européens dans les pays lointains, seraient une récréation des plus instructives.

L'histoire et la géographie seraient enseignées à l'aide de cartes et de tableaux reproduisant la physionomie des grands colonisateurs français, celle des races indigènes, les paysages, les villes et les principaux centres de nos colonies.

Pour faire connaitre les productions coloniales, il faudrait recourir à cet enseignement par l'aspect appelé « leçon de choses » qui donne toujours d'excellents résultats. L'attention des élèves est tenue en éveil par la vue de l'objet dont ils entendent raconter l'origine, la préparation et les usages. Appliquée à l'enseignement colonial dans les écoles primaires, la « leçon de choses » deviendrait plus variée et plus intéressante,

Quel succès n'obtiendrait-ou pas en retraçant aux jeunes écoliers l'histoire d'une de ces brunes tablettes de chocolat dont ils sont si friands !

Il faudrait, à ce sujet, faire une courte description du cacaoyer ; montrer, s'il était possible, en nature ou en image une « cabosse » et les graines qu'elle contient ; dire que le cacaoyer est aujourd'hui cultivé dans nos colonies de Madagascar, de Guinée, du Dahomey et surtout du Congo ; et que bientôt les chocolateries françaises n'auront plus à s'adresser aux grandes cacaoyères de l'Amérique centrale pour suffire à leur fabrication.

Ainsi pour les classes inférieures des écoles primaires élémentaires, l'enseignement colonial comprendrait quelques traits de l'histoire coloniale, le portrait des grands hommes qui ont porté au loin le prestige de la France ; des notions très sommaires sur la situation géographique, l'importance territoriale et économique de nos principales colonies ; des lectures, des entretiens et quelques « leçons de choses » sur les produits de grande consommation : riz, café, cacao, etc.

Dans le cours supérieur, il serait nécessaire d'étudier l'histoire et la géographie coloniales avec un peu plus de méthode et d'ampleur, tout en restant dans les limites de temps prescrites. On pourrait faire un tableau succinct de la colonisation française depuis les premiers voyages des marins normands et bretons au Sénégal et dans l'Amérique du Nord, jusqu'aux dernières explorations de l'Afrique centrale. A la liste des colonisateurs célèbres qui ont doté la France d'un superbe empire, il faudrait ajouter le nom des hommes courageux et modestes qui, à leurs propres risques, ont fait pénétrer notre influence dans les contrées les plus reculées du globe.

La géographie comprendrait une courte description des grandes montagnes et des principaux cours d'eau. Dans la plupart de nos possessions lointaines, les fleuves et les rivières, utilisés comme voies de transport, rendent d'immenses services à la colonisation. Il faudrait faire ressortir ce rôle économique des voies fluviales et indiquer les principales productions qui alimentent le commerce colonial.

La « leçon de choses » serait faite dans le cours supérieur avec de nombreux détails concernant chacun des produits étudiés dans les classes précédentes.

Chacun sait que les leçons les mieux choisies et les mieux faites ne se gravent dans la mémoire que par des exercices d'application variés,

Avec les élèves du cours supérieur, habitués aux travaux de grammaire, de calcul et aux compositions françaises, ou ne saurait se contenter de leçons orales. Celles-ci seraient fréquemment suivies d'un petit devoir écrit où l'enseignement de la langue et du calcul s'allierait aux connaissances des choses d'outre-mer.

Le champ immense de l'activité coloniale fournirait une matière abondante à la rédaction des problèmes et des sujets de composition. Le maître n'aurait qu'à choisir dans ces divers genres d'exercices.

Comme sujets de composition, il prendrait à son gré, la description d'un de ces admirables sites coloniaux aux aspects sauvages et grandioses ; celle d'un village colonial avec ses habitations européennes, d'une construction si spéciale, et ses cases indigènes ; la relation d'une promenade, d'une partie de chasse ou de pêche ; le récit d'une de ces charmantes et longues soirées tropicales, si reposantes après la chaleur accablante de la journée.

Les innombrables travaux de la vie coloniale : exploitations agricoles, industrielles et commerciales peuvent donner lieu à la composition de problèmes très variés. Il est à peine besoin de dire que pour connaître exactement la marche de ses affaires et savoir s'il doit réduire son exploitation ou lui donner une plus grande extension, le colon doit tenir un compte rigoureux de ses recettes et de ses dépenses. L'agriculteur, l'industriel et le commerçant doivent être de bons comptables.

La cartographie et le dessin étant très utiles aux colonies, il faudrait faire exécuter aux élèves des cartes ainsi que des croquis et plans d'habitations, de machines et instruments employés dans les entreprises coloniales.

La plupart des devoirs coloniaux ne seraient ainsi qu'une application nouvelle de quelques-unes des matières du programme ordinaire. Restant dans le domaine des connaissances élémentaires, les instituteurs donneraient l'enseignement colonial sans nuire à l'enseignement métropolitain ; mais les limites de leur champ d'action devraient leur être indiquées par un programme succinct et nettement défini.

Celui qui vient d'être esquissé, en pénétrant dans les programmes scolaires à la faveur de quelques légères modifications, ne saurait encourir le reproche d'être trop complexe. Loin d'occasionner un surcroît d'efforts aux élèves, il rendrait leurs devoirs journaliers plus

\variés. A l'aide des documents mis à leur disposition par les musées d'éducation coloniale, les instituteurs obtiendraient sans peine les éléments nécessaires à la préparation de leurs leçons. Il est d'ailleurs certain que les membres si dé\voués du corps enseignant primaire n'hésiteraient pas un seul instant, s'il le fallait, à payer de leur personne, pour assurer la marche d'un enseignement de\venu indispensable.

Éducation. — Pour former des hommes instruits et énergiques, ayant la ferme intention de faire œu\vre utile aux colonies, l'instituteur de\vra dé\velopper chez les enfants les qualités nécessaires à la vie coloniale.

La spécialisation est la condition essentielle de la réussite dans toutes les branches de l'acti\vité humaine.

« The rigth man in the rigth place »

Cette spécialisation doit se dessiner dès le plus jeune âge. Les enfants de\vront sa\voir de bonne heure ce qu'ils \veulent faire et se préparer sérieusement à l'emploi qu'ils auront choisi.

« Il faut armer nos fils pour la vie ! »

La lutte pour l'existence est de\venue si âpre, qu'on ne saurait trop se préoccuper de la situation future des enfants. L'hésitation et la négligence des maîtres et des parents sur le choix d'une carrière ont été sou\vent préjudiciables aux jeunes gens.

La psychologie enfantine, qui est un guide précieux dans ce choix, doit être le fondement de l'éducation moderne. Négligée par les anciens philosophes, cette science a été approfondie par quelques écri\vains anglais, allemands et français contemporains.

Les Américains, gens pratiques en toutes choses, lui ont donné un caractère expérimental qui leur a fourni de précieuses indications. Leur méthode consiste à sonder l'enfant dans ses ressorts multiples et mobiles, à l'ausculter jusqu'au plus profond de son être pour décou\vrir les mobiles de ses actions. Cette enquête psychologique dé\voile des qualités à stimuler, des défauts à combattre, des \vocations à encourager. Elle amène un courant de sympathie réciproque entre les maîtres et les élè\ves.

La psychologie expérimentale a fait en France de nombreux

adeptes. Une « Société pour l'étude psychologique de l'enfant » a été fondée à Paris sur l'initiative de M. Boitel, directeur de l'école Turgot.

Etudier l'intelligence native, le tempérament, la moralité, l'énergie, les ambitions et les rêves des enfants, et en tirer des conclusions utiles pour leur avenir, doit être le principal souci des éducateurs. Un contact continuel de l'enfance, une observation sans cesse en éveil, un tact subtil et une grande prudence sont nécessaires pour susciter, discerner, orienter, encourager les vocations latentes, timides et indécises.

Les travaux et les jeux des enfants peuvent fournir mille traits qui seront des indices révélateurs pour l'avenir. Dans les divers exercices scolaires, certaines aptitudes se dessinent nettement. Un maître observateur ne sera jamais embarrassé pour trouver parmi ses élèves de futurs comptables, dessinateurs, commis ou commerçants.

Mais c'est au sein de la famille, dans la cour de l'école et dans la rue que les enfants se livrent tout entiers, montrant sans réserve leurs qualités, leurs travers et leurs goûts.

Dans leurs amusements, ils imitent volontiers les occupations et les divertissements des hommes. Chaque enfant choisit instinctivement le jeu qui convient le mieux à son tempérament et à ses goûts : l'un montre une habileté de main précoce dans l'exécution d'un jouet ; un autre échange avec un camarade un de ces futiles objets dont il bourre ses poches et se révèle commerçant ; un troisième, à cheval sur le dos d'une chaise, un sabre de bois à la main, joue à l'officier.

Ces dispositions innées des enfants à reproduire les actes de leurs grands aînés , peuvent fournir de précieuses indications à leurs éducateurs.

Dans cette étude délicate et subtile des aptitudes de l'enfance, l'instituteur devra être sérieusement secondé par les parents.

La « Ligue nationale pour la vulgarisation des sciences pratiques pédagogiques et sociologiques », de Bruxelles, s'occupe d'une façon spéciale de l'éducation physique, intellectuelle et morale de l'enfant dans la famille. La collaboration de la famille et de l'école dans l'éducation et le patronage de l'enfance a été longuement étudiée au Congrès international de l'enseignement primaire de Liège, en septembre 1905.

Cette mutuelle entente des parents et des maîtres fera découvrir des données plus nombreuses et plus précises, suggérera des réflexions plus variées et donnera un fondement plus solide aux décisions à prendre au sujet de l'avenir des enfants.

Parfois les prévisions seront fausses et les espérances qu'elles auront fait naître s'évanouiront. Dans la pratique de la vie, les plus belles théories réservent quelquefois de décevantes surprises ; mais le plus souvent, les prévisions des éducateurs, basées sur une mûre réflexion et une longue expérience, seront justes.

Ces graves décisions, d'où dépend l'avenir des enfants, ne doivent être prises qu'avec un tact et une prudence extrêmes. Elles seront encore moins hâtives à l'égard de ceux qui manifestent le désir de devenir colons. Avant d'encourager ces jeunes écoliers à persister dans leur résolution, il est bon de les sonder minutieusement pour connaître leurs vrais sentiments.

Le désir de voir de lointains pays et de courir d'émouvantes aventures n'est nullement l'indice d'une vocation coloniale sérieuse. Un esprit pratique, du savoir faire, un jugement droit, une grande assurance de soi-même, une intelligence alerte devront se manifester de bonne heure chez le futur colon.

§ 4. — *Programme primaire supérieur.*

La plupart des jeunes gens sortant des écoles primaires supérieures éprouvent quelque répugnance à entrer dans un atelier et se présentent aux concours des postes ou des douanes, ou encore à ceux des écoles normales d'instituteurs. Si la chance les favorise, ils vont grossir le nombre de ces petits fonctionnaires, si piteusement rétribués, qui végètent pendant de longues années dans les grades inférieurs par suite de l'encombrement des cadres.

C'est l'hypothèse la plus favorable.

Mais que de fois les candidats, ne pouvant satisfaire aux conditions de plus en plus difficiles des examens, se voient forcés d'accepter un emploi quelconque qu'ils considèrent comme indigne de leur mérite.

Un rapport récent de M. René Leblanc, inspecteur général de l'enseignement public, signale pourtant un heureux changement survenu dans l'esprit des élèves des écoles supérieures et constate que ceux-ci retournent plus volontiers à la profession paternelle dont ils deviennent les auxiliaires intelligents et actifs.

On ne saurait trop réagir contre ce fâcheux engouement des Français pour les fonctions administratives. C'est dans l'agriculture, l'industrie, le commerce et surtout dans les colonies que les jeunes gens pourraient trouver l'emploi de leur activité et de leur intelligence.

Les vocations coloniales n'auront jamais une plus belle occasion de se manifester qu'à l'heure actuelle.

Quel champ immense d'activité que notre empire colonial !

Ce sont de vastes contrées où tout est à créer : ici des terres encore vierges attendent l'agriculteur pour produire avec une fécondité inconnue dans nos contrées d'Europe, les délicieux produits si recherchés sur nos marchés ; là, de riches gisements métallifères que le prospecteur intrépide a déjà signalés, réclament l'emploi des puissants moyens d'extraction modernes pour surgir abondants du sous-sol ; partout enfin, pour drainer les produits agricoles et industriels des lieux de production sur les marchés coloniaux et les ports d'embarquement, il faut l'activité toujours en éveil du commerçant.

Le jeune homme, dégagé des nombreux obstacles qui l'arrêtent dans notre pays de vieille civilisation, pourra, sans entrave, dans les colonies, développer ses facultés d'initiative.

Quel service ne rendrait-ou pas aux fils d'ouvriers et d'employés fréquentant les écoles primaires supérieures, en leur faisant entrevoir les situations indépendantes et lucratives qu'ils pourraient se faire aux colonies !

Destiné à des jeunes gens pourvus d'une bonne instruction élémentaire, le programme colonial primaire supérieur devrait avoir assez d'ampleur pour embrasser les principales connaissances coloniales.

Tracé par M. Simian à la Commission des études coloniales réunie à Aix le 30 mai 1901 sous la présidence de M. le Recteur, ce programme comprendrait : des exhortations et des exemples pour susciter les vocations coloniales, l'histoire, la géographie, les cultures, l'industrie, le commerce, l'hygiène, les langues vivantes, le droit commercial, les dictées, problèmes, lectures et compositions, comme exercices d'application, et des visites aux établissements coloniaux.

Dans l'histoire de la colonisation française, il faudrait montrer l'œuvre grandiose accomplie par les Cartier, les Champlain, les

Montcalm, les Cavelier de la Salle en Amérique ; les Martin, les Dumas, les Dupleix dans l'Inde. Les élèves apprendraient les lourdes fautes de nos rois et de leurs ministres qui causèrent la perte de notre empire colonial au xviii° siècle. Ils pourraient comparer cette incurie du gouvernement français à la ténacité de l'Angleterre, notre éternelle rivale, dans l'exécution de son plan de politique mondiale qui nous a ravi, une à une, nos plus belles possessions.

On aborderait l'histoire contemporaine par l'étude des causes politiques qui ont amené la France à reconstituer son domaine colonial. Chacune de nos grandes possessions africaines et asiatiques ferait ensuite l'objet d'une leçon détaillée.

Des notions de géographie physique coloniale ayant été données dans les cours supérieurs des écoles élémentaires, il serait facile de s'étendre assez longuement sur cette science dans les écoles supérieures. La géographie économique (agriculture, industrie, commerce, voies de transport, etc.) serait étudiée avec le plus grand soin.

Des notions très sommaires d'hygiène coloniale complèteraient ce programme d'enseignement colonial primaire supérieur qui serait celui des écoles supérieures, des écoles normales, des écoles pratiques de commerce et d'industrie, des écoles d'arts et métiers, des écoles d'agriculture, etc.

Est-il nécessaire d'ajouter que toutes les parties de ce programme ne sauraient être appliquées rigoureusement à chaque catégorie d'écoles ?

Dans les écoles d'industrie et d'arts et métiers, il faudrait s'arrêter aux questions essentiellement pratiques : prospection, exploitation des mines, industries coloniales, etc.

Dans les écoles normales, l'enseignement devrait s'élever un peu au-dessus de la plupart des matières indiquées au programme précédent. Les élèves recevraient des notions de colonisation ancienne et moderne, de colonisation comparée, de sociologie indigène, de législation coloniale, etc.

Le programme des écoles pratiques de commerce comprendrait l'étude détaillée des courants commerciaux établis entre les colonies françaises et les différents pays du monde, les centres commerciaux, les conditions du commerce local dans chaque colonie, les voies et moyens de transport, l'installation d'un comptoir, d'une factorerie, les droits de douane et de ports, les lignes de navigation, la concurrence faite aux produits nationaux sur les marchés coloniaux français, etc.

Dans les écoles pratiques d'agriculture, il faudrait s'étendre sur les cultures coloniales en général et les cultures des contrées tropicales à climat tempéré en particulier ; sur les conditions d'installation et d'exploitation d'une ferme coloniale, l'acquisition de la terre, la main-d'œuvre, les débouchés, la comptabilité agricole, etc.

Les écoles de laiterie se livreraient spécialement à l'étude de l'élevage dans l'Afrique du Nord, l'Afrique Occidentale et à Madagascar.

Les écoles de sylviculture étudieraient la situation géographique des grands massifs forestiers de nos possessions lointaines, les principales essences qu'ils renferment, et s'attacheraient spécialement aux questions d'exploitation forestière.

Dans chaque établissement, l'enseignement colonial comprendrait ainsi des notions générales d'histoire, de géographie, de colonisation, et l'étude approfondie d'une matière spéciale : *agriculture, commerce, industrie*, etc.

§ 5. — *Programme des écoles de filles.*

La prévention injustifiée des femmes françaises pour les colonies est l'un des obstacles les plus sérieux de notre expansion lointaine.

Pour amener progressivement la femme à aimer les colonies et à offrir son aide indispensable à leur exploitation, on doit l'initier dès l'enfance aux choses d'outre-mer.

Les rudes occupations que comporte la mise en valeur de nos possessions coloniales conviennent surtout aux hommes ; mais lorsque des centres importants auront été créés dans ces pays et que la vie économique y sera devenue plus active, les jeunes filles françaises, dont l'initiative et l'activité ont déjà supplanté l'élément masculin dans un grand nombre d'emplois de la métropole, ne craindront plus de s'expatrier pour trouver des situations plus lucratives.

Et d'ailleurs, le colon ne doit-il pas avoir auprès de lui une compagne intelligente et instruite qui sera le précieux auxiliaire de ses travaux et lui rendra moins pénible l'éloignement du pays natal ? Partageant ses heures de loisir entre le restaurant et le café, le colon

célibataire est entraîné à violer les règles de la tempérance si rigoureuses en pays tropical.

Le mariage entre Européens aura surtout l'inappréciable résultat
de produire un grand effet moral sur les populations, et d'empêcher
l'indigénisation de notre race en rendant plus rares les unions des
Français avec les femmes du pays.

L'éducation coloniale ne saurait donc être l'apanage exclusif des
jeunes gens. Les jeunes filles doivent recevoir des notions appropriées
au rôle de la femme aux colonies.

En convoquant Mlle la Directrice de l'Ecole normale des Bouches-
du-Rhône à la réunion de la Commission d'études coloniales, M. le
Recteur de l'Académie d'Aix avait montré la place qu'il croyait devoir
réserver à l'enseignement colonial dans les écoles de filles. On connait
le sentiment de Mlle Bancillon sur le nouvel enseignement.

De nombreux publicistes ont montré l'importance du rôle colonial
de la femme et réclamé avec énergie l'introduction des notions coloniales dans les écoles de filles de la métropole. Mme Louise Rousseau
a présenté un rapport très complet sur cette intéressante question au
Congrès colonial de 1904.

On ne doit pas craindre de dire que l'éducation féminine en
France a été jusqu'ici franchement hostile à la colonisation. Dans les
familles aisées, la jeune fille est jalousement gardée au foyer par
l'amour égoïste des parents comme une plante délicate cultivée
en serre.

En Angleterre, l'éducation de la femme est toute différente. Habi-
tuée, dès le jeune âge, aux exercices sportifs et aux voyages, la jeune
Anglaise acquiert de bonne heure cette robustesse du corps qui donne
au caractère de la vigueur, de l'énergie et de la décision.

Cette forte éducation féminine influe de façon salutaire sur la prospérité des colonies britanniques. La femme d'un fonctionnaire ou d'un
colon anglais ne consentirait jamais à rester dans la métropole
pendant que son mari serait aux colonies.

L'Européen établi au-delà des mers avec sa famille s'y fixe sans
esprit de retour et se livre tout entier à sa mission.

La femme française, trop éprise du sol natal, emploie son influence
à détruire dans leur germe les vocations coloniales qui tendent à se
révéler autour d'elle. Bien des jeunes gens, assez énergiques pour

braver les difficultés d'une installation coloniale, se trouvent désarmés devant les supplications d'une mère ou d'une sœur.

Les femmes françaises, si gracieuses dans leur faiblesse même et leur sensibilité, ne peuvent être douées des qualités d'initiative, d'endurance et de ténacité qui sont d'ordinaire l'apanage des hommes, mais elles ne devraient pas étouffer chez les jeunes gens cette énergie naissante qui fera peut-être un jour leur propre orgueil.

Les exigences de la vie moderne obligent un grand nombre de jeunes filles peu fortunées à abandonner leurs paisibles occupations domestiques pour chercher, dans les administrations ou le commerce, l'emploi qui doit apporter un peu d'aisance au foyer.

Peu d'entre elles vont aux colonies.

A chaque départ de bateau pour l'Amérique ou les colonies françaises, on pourrait voir pourtant parmi les passagers quelques femmes qui ne craignent pas de s'expatrier. Quelle situation ces personnes vont-elles chercher dans les pays lointains, et comment se sont-elles préparées à leur nouvelle destination?

Quelques-unes, attirées vers les pays neufs par un désir d'excentricité et d'exotisme, ne rêvent qu'équipées tapageuses et folles aventures. D'autres, plus sensées et plus modestes, partent pour occuper un emploi de gouvernante, de modiste, de couturière, de femme de chambre, de cuisinière, etc. Les unes et les autres quittent la métropole sans aucune notion du pays vers lequel elles se dirigent, se contentant de renseignements hâtivement demandés à une agence la veille du départ.

Cette émigration féminine irrégulière n'apporte qu'un bien faible et souvent nuisible appoint à la colonisation. Nos colonies ont surtout besoin de femmes robustes de corps et d'âme, sérieusement préparées à la vie coloniale, aux travaux du ménage, capables de fonder de saines et vigoureuses familles. La destination la plus noble de la femme aux colonies est de devenir l'épouse du colon et la fondatrice de la famille coloniale.

La collaboration de l'homme et de la femme est une des conditions essentielles de la prospérité des colonies. La femme du colon peut prendre une part active à l'entreprise de son mari et devenir une bienfaitrice pour les femmes indigènes qu'elle sortira de leur état d'infériorité physique et morale. Son action salutaire et féconde pourra s'étendre hors de sa demeure par la fondation d'œuvres de bienfaisance.

Les personnes qui ont visité récemment le Palais de la Femme aux Champs Élysées ont pu se faire une idée aussi agréable que complète du rôle de la femme aux colonies.

Sur l'initiative de M. Charles-Roux, un espace embelli par de rares plantes exotiques sortant des serres de M. de Rothschild, avait été réservé dans ce palais, à une section coloniale féminine. Placée sous le patronage de Mme de Custine, dont la compétence en cette matière a été acquise par vingt-six ans passés en pays lointains, cette exposition a été de tous points réussie.

La vie d'outre-mer a des attraits captivants pour l'Européenne qui sait mettre au-dessus des vaines préoccupations de coquetterie, les questions d'affaires et de bienfaisance, qui sait apprécier le charme de l'existence indépendante et les beautés de la nature.

La mission de la femme française aux colonies comporte des devoirs multiples qui exigent de hautes et solides qualités. Destinée à la vie familiale et à la bienfaisance, la femme du colon saura harmoniser les hautes vertus morales qui feront d'elle un être idéal de bonté et de dignité, et les talents domestiques, indispensables à la bonne gestion du ménage.

Elle possèdera la patience, la douceur, la bonté, l'égalité d'humeur, la modestie qui sont des vertus féminines par excellence. Elle sera forte et sérieusement préparée à donner à ses enfants une éducation virile, formatrice des caractères. Elle sera digne dans ses manières, réservée dans son langage, n'aura pas de coquetterie choquante, mais une mise de bon ton. Active et économe, elle saura donner au foyer un confortable de bon goût qui demande de l'ordre et exclut toute dépense superflue.

Ces qualités contribueront au bien-être familial, à la prospérité des affaires et au prestige de la France en pays lointain.

Pour arriver à cet heureux ensemble de hautes vertus morales et de qualités pratiques, la jeune fille devra recevoir une éducation précoce qui se développera méthodiquement avec l'âge. Cette éducation cherchera avant tout à développer les petits talents domestiques. Ne dit-on pas « qu'un rôti cuit à point contribue à la paix du ménage et par suite au bonheur réciproque des intéressés ? »

. Dans toutes les écoles de filles, l'enseignement devrait être nettement orienté vers les connaissances pratiques : tenue du ménage; cuisine, travaux de couture, hygiène, puériculture.

De nombreuses écoles ménagères existent en Belgique, en Suisse et en Allemagne. Elles ont pour but de former de bonnes ménagères, ayant l'amour de l'ordre et de l'économie. Leur programme porte sur les travaux du ménage (nettoyage des appartements, cuisine, couture, comptabilité ménagère, coupe, raccommodage, lavage, blanchissage et repassage, hygiène de la maison, etc.).

Aucune institution de ce genre n'a encore été projetée dans notre pays ; mais, depuis quelques années, l'enseignement ménager s'est introduit dans les écoles et les œuvres postscolaires féminines.

Cet enseignement est devenu indispensable aux jeunes filles qui doivent rester dans la métropole comme à celles que le destin dirigera un jour vers quelque France lointaine. Les connaissances pratiques que celles-ci auront acquises, tout en leur assurant à elles-mêmes des avantages inappréciables, répandront le bien-être parmi des populations ignorantes de tout confort et feront aimer la France.

Le programme colonial des écoles de filles, en dehors des notions ménagères, présenterait une grande analogie avec celui des écoles de garçons. Appelée à prendre la direction des affaires en cas d'absence, de maladie ou de décès de son mari, la femme du colon devrait être préparée à ce rôle éventuel par une étude spéciale.

Dans son rapport sur l'enseignement colonial féminin, présenté au Congrès de 1904, Mme Louise Rousseau a émis les vœux suivants :

1° « Que des ouvrages ayant trait au rôle de la femme aux colonies soient écrits spécialement pour les jeunes filles;

2° « Que les auteurs ne se bornent pas à une revue brève et insuffisante des pays, des mœurs et des coutumes; mais qu'ils écrivent plutôt un manuel pratique de la vie féminine à l'usage des Françaises qui partiront là-bas.

3° « Que des conférences soient faites dans les milieux d'enseignement féminin, c'est-à-dire dans les écoles d'abord, puis dans les centres d'éducation postscolaire. Non pas des conférences savantes mais bien plutôt des causeries familières et cordiales. »

§ 6. — *Ecoles normales coloniales.*

Le facteur le plus puissant de la prospérité coloniale réside dans le relèvement moral et matériel des populations indigènes.

Après avoir assuré la paix et la sécurité dans toutes ses possessions lointaines, la France a prescrit d'énergiques mesures pour y diminuer les ravages causés par les maladies

Ces généreuses dispositions assureront aux entreprises coloniales des travailleurs robustes, habitués au climat et dévoués à la mère-patrie qui leur aura procuré la santé et le bien-être.

Pour fortifier ces liens d'affection et former des ouvriers habiles, on doit répandre dans toutes les colonies les notions de la langue française et les connaissances pratiques des divers métiers. Cette éducation indigène est une œuvre de longue haleine qu'il faut entreprendre sans délai et poursuivre avec esprit de suite.

L'organisation hâtive des écoles dans les colonies, au lendemain de la conquête, présentait un très grave défaut. Les maîtres venus de la métropole, pourvus d'une solide instruction générale, n'avaient, le plus souvent, que des connaissances insuffisantes de nos possessions nouvelles et de leurs habitants. Mais à l'époque où la science coloniale était encore inconnue, comment aurait-on pu recruter des instituteurs coloniaux sérieusement préparés à leur tâche ?

Le programme d'études coloniales exposé dans cette notice pour les écoles normales métropolitaines permettrait-il d'atteindre le but désiré ? Très suffisant pour les futurs maîtres de nos écoles communales de France, ce programme ne saurait donner aux éducateurs coloniaux, la connaissance intime des mœurs indigènes qui leur est indispensable pour exercer utilement leurs fonctions.

Si on croit utile de créer des écoles professionnelles pour les jeunes gens destinés aux carrières coloniales agricoles, industrielles et commerciales, ne doit-on pas admettre *à fortiori* qu'une école spéciale est nécessaire pour former les éducateurs de nos populations indigènes.

C'est ainsi que l'a compris la *Mission laïque* qui a fondé une école normale destinée à fournir des instituteurs aux écoles françaises établies à l'étranger et aux colonies. Il appartient au gouvernement de donner à cette institution, appelée *École Jules Ferry*, le caractère officiel d'école d'état et les ressources nécessaires à son fonctionnement.

Les instituteurs coloniaux sont appelés à diriger les écoles normales où se formeront les instituteurs indigènes chargés de répandre, dans tous les villages, les premières notions du français et les connaissances usuelles.

L'enseignement aux colonies ne saurait réussir sans le concours des instituteurs indigènes. Ceux-ci ont, en effet, la sympathie de leur race, connaissent mieux que l'Européen tous les besoins de leurs frères, eux seuls peuvent comprendre et guider leurs aspirations, stimuler les indolents sans les décourager, inspirer assez de confiance à des êtres à demi-sauvages pour les faire sortir de leur torpeur ou de leur crainte vis-à-vis des Européens.

L'instituteur colonial donnera à ses élèves les notions de langage usuel et les connaissances professionnelles qui leur permettront d'améliorer leur situation matérielle. Ces connaissances comprendront : les travaux agricoles qui conviennent spécialement aux indigènes, l'acquisition de la terre, le fermage, le métayage, l'élevage du bétail, l'horticulture, etc., la conduite des machines agricoles et industrielles, les industries locales et les industries qu'il serait utile d'introduire dans les colonies.

Il cherchera à développer en eux les qualités morales, intellectuelles et l'esprit d'économie qui est le résultat des facultés les plus élevées de l'homme : le raisonnement et l'empire de soi. Pour leur donner le goût des occupations stables, il leur montrera le bien-être que procure le travail régulier : habitations spacieuses et confortables, alimentation saine et substantielle, acquisition d'une ferme, d'un fonds de commerce, etc.

Les progrès des populations natives dans la civilisation dépendront au moins autant de la femme que de l'homme.

Dans presque toutes les colonies, la femme indigène est regardée comme un être inférieur sur qui retombe tous les travaux pénibles. Il faut rendre cette femme à son rôle d'épouse et de mère et à ses occupations domestiques.

Si on veut répandre cette éducation pratique dans tous les centres de nos possessions éloignées, on doit créer un corps d'institutrices d'élite chargées de diriger dans ces contrées les écoles normales d'où sortiront les institutrices indigènes.

L'institutrice européenne des pays chauds doit être d'une constitution assez robuste pour supporter les rigueurs du climat, avoir une âme d'apôtre, un caractère énergique, une volonté inébranlable, un esprit positif et ingénieux.

A un fonds solide d'instruction générale, elle doit ajouter l'économie domestique, l'enseignement ménager, la connaissance des mœurs et des langues indigènes, la médecine usuelle, l'hygiène, la puériculture, etc.

L'éducation des jeunes filles indigènes doit viser les travaux domestiques et les soins maternels à donner aux enfants.

Les femmes natives de la plupart de nos colonies ne possèdent aucune des plus simples notions d'économie, de propreté et d'hygiène.

Pour avoir de bonnes épouses et de bonnes mères, il faut préparer de bonnes ménagères.

CHAPITRE III

ENSEIGNEMENT POSTSCOLAIRE.

_____._____

§ 1er. — L'enseignement postscolaire en Europe et en Amérique.

L'éducation populaire s'est considérablement développée pendant ces dernières années en Europe et en Amérique. Dans quelques pays (Belgique, Allemagne, États Unis) cette éducation a pris un caractère technique et obligatoire.

En Allemagne, les maitres destinés à l'enseignement professionnel dans les écoles de perfectionnement (cours d'adultes) reçoivent de solides connaissances techniques. Suivant la spécialité qu'ils ont choisie, les instituteurs suivent pendant quelque temps les cours de la Haute École Industrielle de Karlsruhe (grand-duché de Bade) ou les cours commerciaux organisés dans plusieurs grandes villes de Prusse.

D'après la _Revue générale des Sciences_, la « Cooper Union for the advancement of science and art » de New-York est destinée à compléter l'instruction professionnelle des jeunes employés et ouvriers. Elle comprend plusieurs sections pour les jeunes filles. L'enseignement, d'une durée de cinq ans, embrasse les sciences, les arts, la sténographie, la télégraphie, etc.

La « Cooper Union » se charge du placement de ses élèves, comme ingénieurs, dans le commerce et l'industrie.

Depuis longtemps répandue en France, l'éducation populaire n'y a pris un réel développement qu'à partir de 1894-1895.

Le dernier rapport de M. l'Inspecteur général de l'Instruction publique Petit, montre le chemin parcouru depuis douze ans par les œuvres de toutes sortes qui se sont groupées autour de l'école pour l'encourager, la soutenir et compléter son action.

Il est nécessaire de jeter un rapide coup d'œil sur cette vaste organisation des œuvres postscolaires qui peut devenir un puissant instrument d'éducation coloniale.

Ces institutions populaires comprennent les œuvres d'enseignement (cours d'adolescents et d'adultes, cours de jeunes filles, lectures et conférences, sociétés d'instruction, universités populaires, etc.) et les œuvres sociales (mutualités scolaires, associations d'anciens et d'anciennes élèves, patronages laïques, œuvres du trousseau, etc.).

§ 2. — *Œuvres d'enseignement.*

Cours d'adultes. — Répartis en cours pour illettrés, cours de revision, cours de perfectionnement, cours spéciaux techniques et professionnels à l'usage des apprentis, les cours d'adultes donnent la culture générale et les notions techniques répondant aux besoins locaux.

L'enseignement général embrasse les parties essentielles du programme des écoles primaires : histoire, géographie, arithmétique, système métrique. L'enseignement technique comprend, dans les milieux agricoles : l'arpentage, le cubage, la comptabilité agricole, la rédaction des lettres d'affaires ; dans les régions maritimes : la pêche et le commerce ; dans les centres industriels : le dessin, la mécanique, la géologie, les mines, etc.

Les jeunes filles reçoivent un enseignement général analogue à celui des garçons et en outre des notions de puériculture, d'économie domestique, de coupe, de couture, données sous formes de leçons expérimentales.

L'enseignement artistique : dessin, modelage, albums, ouvrages à l'aiguille, ouvrages d'art, mêle son cachet esthétique à l'enseignement pratique.

Les distractions et amusements transforment, par intervalles, ces réunions laborieuses en fêtes charmantes où la déclamation cède successivement la place au concert, à la représentation théâtrale et à la danse.

L'expérience de ces dernières années a donné la certitude que les cours d'adultes peuvent compter sur le dévouement des professeurs et sur une fréquentation sérieuse et régulière des élèves. Mais si le zèle des maîtres et l'assiduité des élèves ne se lassent pas, l'enseignement manque toujours d'organisation effective et d'unité de vue.

Si on veut faire des cours d'adultes une institution forte, fonctionnant régulièrement, on doit adopter un plan d'organisation générale pour toute la France. Tenant compte de la diversité des goûts et des intérêts, laissant aux maîtres la plus grande initiative sur le choix des procédés d'enseignement, ce plan devrait confier à un comité supérieur siégeant à Paris, le soin de veiller à la marche normale de tout l'organisme.

Composé d'universitaires, d'ingénieurs, de commerçants, ce comité s'inspirerait des idées qui lui seraient soumises par les comités régionaux et locaux ou comités mixtes comprenant des hommes et des femmes ayant quelque compétence spéciale.

Dans chaque localité fonctionneraient un ou plusieurs groupements qui exécuteraient les décisions du comité local, sorte de conseil de perfectionnement des cours d'adultes. Ces groupements seraient formés d'un directeur pédagogique et de professeurs choisis parmi les instituteurs, les institutrices, les commerçants, les industriels, les agriculteurs, les maîtres-ouvriers, les maîtresses-ouvrières et parmi les personnes qui pourraient imprimer à l'association une direction rationnelle et pratique.

Les comités régionaux et locaux étudieraient chaque année les modifications qu'ils jugeraient convenable d'apporter aux programmes pour les rendre plus souples, plus variés et les adapter de mieux en mieux aux nécessités de chaque localité. Ils nommeraient les professeurs et assureraient la bonne répartition des fonds reçus.

Lectures et conférences populaires. — Les lectures suivies de commentaires sur la littérature française et les conférences populaires sur l'histoire et la géographie contemporaines sont très goûtées du public.

Diverses institutions publiques ou privées concourent au fonctionnement de ces conférences par l'envoi gratuit de sujets traités et de vues photographiques.

Le musée pédagogique (section de l'office de renseignements pour les œuvres complémentaires de l'école), la société nationale des conférences populaires, la Ligue française de l'enseignement, la Société de propagande coloniale fournissent aux conférenciers des conférences imprimées, des pièces de théâtre, des récits et morceaux pour soirées instructives et récréatives, des appareils à projections lumineuses, etc.

Conférences régimentaires. — L'armée n'est pas restée étrangère à l'évolution qui de nos jours a apporté de si profondes modifications dans les institutions politiques et sociales de notre pays. Aux soldats mercenaires, faisant la guerre par métier, ont succédé les fils de la nation, accomplissant, par devoir patriotique, une période d'instruction militaire.

Le service de deux ans, en soumettant tous les Français indistinctement à la loi commune, fera du devoir militaire une forme du devoir civique.

A l'instruction purement technique que recevaient jusqu'ici les soldats, doit s'ajouter une éducation morale, civique et professionnelle qui fera d'eux des citoyens honnêtes et instruits.

Favorisées par la circulaire ministérielle du 13 août 1903, qui a institué les salles de récréation, de lecture et de correspondance ; soutenues par les sociétés d'éducation populaire, les conférences régimentaires prennent une sérieuse extension.

La Commission des œuvres militaires, instituées par la Ligue de l'enseignement, a créé un peu partout des foyers du soldat et du marin qui sont, au dehors de la caserne, des lieux de réunion pour les militaires.

Dans son livre « L'Officier éducateur », M. Georges Duruy montre la nature des sujets à traiter dans les conférences régimentaires et les moyens à prendre pour se mettre à la portée du soldat pour conquérir à la fois sa confiance et son intelligence.

Correspondance internationale et interéchange d'enfants. — Une association internationale s'est formée, il y a quelques années, pour faciliter l'étude des langues étrangères par la correspondance entre élèves français et étrangers.

M. Toni-Mathieu, de Paris, et M. Toutey, inspecteur primaire à

Marseille, ont organisé, dans le même but, l'échange international des enfants.

M. Buchère, au Congrès de Tunis, et M. Valran, dans la *Dépêche Coloniale*, ont demandé des bourses de voyages d'études pour les meilleurs élèves de nos écoles. Il serait désirable que quelques-unes de ces bourses fussent affectées à des voyages d'études aux colonies. Les élèves-colons doivent pouvoir aller sur place compléter leurs connaissances de l'arabe, de l'annamite, du malgache et des idiomes de l'Afrique occidentale.

Les *Universités populaires* et les *Jeunesses laïques* complètent l'instruction de l'école, des œuvres postscolaires et soutiennent les coopératives, les patronages, les colonies scolaires, etc.

§ 3. — *Œuvres sociales.*

Ces œuvres comprennent les mutualités scolaires, fondées à l'instar des « Petites Cavé », de Paris, les associations d'anciens et d'anciennes élèves des écoles primaires, les patronages, les gardiennages du jeudi et du dimanche, les œuvres du trousseau, du vestiaire, etc.

Pécunièrement soutenues par l'initiative privée sous forme de dons, de libéralités et de cours payants, par les conseils généraux, les conseils municipaux et l'État, ces associations se groupent autour de l'instituteur pour lui faciliter sa tâche et concourent au développement de l'éducation populaire.

Colonies scolaires. -- La sollicitude des pouvoirs publics et de l'initiative privée ne se borne pas au développement des œuvres d'éducation et de mutualité ; elle s'intéresse avec une égale ardeur à la santé de la jeunesse studieuse.

Les enfants des écoles primaires urbaines, vivant dans des conditions hygiéniques souvent défectueuses, ne portent généralement pas sur leur physionomie cet air de santé que donnent la vie et l'exercice au grand air.

Permettre à ces êtres pâles, malingres, victimes de l'entassement des grandes cités modernes, de jouir pendant quelques jours de l'air vivifiant de la campagne, est un grand acte d'humanité. C'est le but des colonies scolaires.

M. Causeret, inspecteur d'académie des Bouches-du-Rhône, et
Mme Causeret, présidente de l'Union des jeunes étudiantes de ce département, ont donné un grand développement aux colonies enfantines
de Marseille.

§ 4. — L'enseignement colonial dans les œuvres populaires d'éducation et d'assistance.

Le programme colonial des cours d'adultes devrait comprendre
la revision des matières des écoles primaires (histoire, géographie,
productions), quelques conseils pratiques de colonisation et une série
de leçons sur chacune de nos grandes colonies : Algérie, Tunisie,
Iudo-Chine, etc.

En géographie, on s'efforcerait de transporter l'auditoire parmi
les régions décrites et on l'intéresserait par de pittoresques détails.

Une collection abondante de cartes, tableaux, illustrations historiques et géographiques, serait nécessaire. Les grandes publications
coloniales et en particulier la *Dépêche Coloniale* illustrée, offriraient à
cet égard de précieuses ressources.

On ne parlerait jamais d'une contrée sans mettre la carte et les
tableaux géographiques sous les yeux des auditeurs.

Il en serait naturellement de même pour l'étude des produits. Le
professeur aurait toujours devant lui la reproduction photographique
ou un échantillon du produit étudié. Les projections lumineuses
donneraient un grand attrait à cet enseignement.

Les jeunes filles apprendraient les travaux du ménage, la puériculture et l'hygiène coloniale.

Les notions d'économie domestique et les connaissances ménagères sont particulièrement nécessaires à la femme européenne établie
aux colonies. Placée loin des grands centres, privée de toute fréquentation, celle-ci ne doit compter que sur elle-même pour faire face aux
nécessités du ménage. Elle doit former et diriger son personnel
domestique, veiller à la santé des siens et à celle des indigènes qui
l'entourent.

A peine abordée dans les écoles primaires, à cause du jeune âge
des élèves, la puériculture serait enseignée avec quelques dévelop-

pements dans les cours d'adultes. Cet enseignement aurait pour but de combattre de fâcheux préjugés, de vieilles et ridicules habitudes et de répandre les notions d'hygiène concernant les jeunes enfants.

Les peuplades primitives de la plupart de nos possessions lointaines commettent, volontairement ou par ignorance, les fautes les plus graves contre la santé des enfants du premier âge. Toute aux pénibles travaux que la tyrannie de l'homme lui ordonne d'exécuter, la femme indigène ne prend aucun des soins que réclame la maternité.

Le public des conférences et des universités populaires est plus varié et moins stable que celui des cours d'adultes. Ce ne sont plus des jeunes gens qui désirent compléter leur instruction générale ou faire leur éducation professionnelle dans des cours réguliers ; mais des personnes qui cherchent à passer des soirées agréables et instructives.

Sans renoncer à un certain ordre méthodique dans le choix des sujets de conférences, il serait inutile et même contraire au succès des œuvres postscolaires, autres que les cours d'adultes, de suivre un programme colonial très développé.

On pourrait toutefois, en quelques leçons, tracer le tableau de la colonisation française, montrer l'importance de notre empire d'outre-mer et les ressources qu'il renferme. Les conférenciers devraient s'efforcer de faire ressortir les bénéfices que les Français trouveraient dans les entreprises coloniales, et de combattre la crainte exagérée des petits rentiers pour le placement de leurs capitaux aux colonies.

Dans les conférences régimentaires, les actes de courage accomplis par les Français sur les terres lointaines, feraient l'objet de quelques leçons. Nos jeunes soldats y trouveraient de grands exemples à imiter.

On montrerait l'œuvre grandiose accomplie par les troupes françaises en Afrique et en Asie, le rôle du soldat-colon dont les généraux Bugeaud et Gallieni, à des époques et dans des contrées différentes, ont trouvé le type.

On sait, en effet, que de nombreux soldats coloniaux, à l'expiration de leur congé, demandent une concession de terre et se fixent dans le pays où ils ont fait leur service. Certaines régions de l'Algérie et de Madagascar ont été complètement transformées par les soldats libérés.

Il serait utile de donner aux jeunes auditeurs des conférences régimentaires qui auraient l'intention de devenir colons, des notions sur l'agriculture, le commerce et l'hygiène des colonies.

Les œuvres postscolaires sociales ne restent pas complètement étrangères aux choses de l'enseignement. De nombreuses et instructives conférences sont organisées en faveur de leurs adhérents.

Ces œuvres pourraient, dans une large mesure, contribuer au développement de l'éducation coloniale populaire, en organisant des causeries sur les faits les plus importants de notre lointain domaine.

CHAPITRE IV

ENSEIGNEMENT PROFESSIONNEL

---

§ 1er. — *Son but.*

L'enseignement professionnel a pour but de donner aux jeunes gens le moyen de franchir rapidement l'étape toujours difficile de l'apprentissage, de devenir des ouvriers ou des employés habiles et plus tard des chefs de maisons.

Une éducation théorique et pratique des professions et métiers s'adressant aux adolescents est devenue indispensable.

Sans parvenir à supprimer complètement le stage dans les ateliers, les maisons industrielles et commerciales, cette éducation pourra le réduire sensiblement.

L'ouvrier menuisier n'aura pas encore cette sûreté de l'œil, ni cette habileté manuelle qui lui permettront plus tard de préparer rapidement un ténon et une mortaise, et de les joindre l'un à l'autre de manière à ne rien laisser voir de leur assemblage ; mais il sera considérablement dégrossi.

L'employé de commerce ne sera pas lui-même très expéditif dans ses calculs ; mais il saura que telle opération commerciale nécessite telle autre opération de comptabilité.

Les vrais spécialistes se formeront par le développement de l'enseignement technique dans chaque branche de l'activité humaine.

Les progrès accomplis depuis une cinquantaine d'années dans les arts, l'industrie, l'agriculture et le commerce ont déterminé une extension considérable des écoles professionnelles.

Très développées aux États-Unis, en Angleterre, en Belgique, en Suisse et en France, ces institutions sont en nombre considérable en Allemagne.

L'enseignement professionnel est donné aux employés et aux ouvriers de France dans des cours subventionnés par les chambres de commerce, les conseils généraux, les conseils municipaux, les syndicats, et dans des écoles spéciales.

Des cours pour chaque corps de métier (construction, charpente, ébénisterie, carrosserie, peinture, céramique, couverture, plomberie, électricité, bijouterie, etc.), existent dans toutes les grandes villes, notamment à Paris et à Marseille.

Les écoles professionnelles forment des chefs-ouvriers pour les exploitations agricoles et industrielles, ainsi que des commis et des comptables pour les maisons de commerce.

Sous le nom d'écoles pratiques de commerce et d'industrie, d'autres établissements donnent aux jeunes gens destinés au comptoir ou à l'atelier un enseignement primaire complémentaire et un enseignement commercial et industriel.

Les connaissances spéciales qui font la base de l'enseignement de ces écoles, sont inspirées par la préoccupation des besoins du commerce et de l'industrie.

La lutte commerciale devient de plus en plus âpre entre les peuples. L'industrie, pressée par la nécessité de produire vite et à bon marché, a transformé ses moyens de production.

Il faut aujourd'hui mettre à la disposition des commerçants des auxiliaires bien préparés, et fournir aux industriels des ouvriers d'élite ayant des connaissances théoriques et suffisamment rompus à la pratique de l'atelier.

Tous les départements ministériels possèdent une ou plusieurs écoles spéciales.

L'École coloniale préparant aux hauts emplois coloniaux administratifs et l'École supérieure d'agriculture coloniale de Nogent-sur-Marne, où se forment les chefs des exploitations agricoles coloniales, sont les seuls établissements d'instruction métropolitains qui relèvent du ministère des colonies.

L'initiative privée a comblé cette lacune de l'enseignement colonial officiel, en créant des cours coloniaux sur le modèle de ceux qui ont été organisés à Marseille par M. Heckel.

Il devient actuellement nécessaire de donner aux chefs d'entre-prises formés dans les instituts coloniaux les agents subalternes qui doivent transmettre leurs ordres aux ouvriers indigènes chargés de les exécuter.

Dans les contrées lointaines où l'Européen peut lui-même cultiver sa terre, faire un petit commerce, exercer un petit métier, il faut également envoyer des hommes actifs ayant des connaissances pratiques très exactes sur l'agriculture, le commerce et l'industrie de ces pays.

L'enseignement colonial professionnel, s'adressant aux jeunes gens pourvus d'une bonne instruction élémentaire, aura pour mission de préparer l'armée des chefs ouvriers, chefs d'équipe, surveillants, employés de commerce, agriculteurs coloniaux.

Nous ne sommes plus au temps où il suffisait aux colons d'avoir de l'audace pour faire fortune. Les colonies ne se montrent aujourd'hui prodigues qu'à ceux qui possèdent à la fois l'endurance, l'énergie et les connaissances techniques nécessaires pour mener à bien une entreprise.

Dans toutes les professions il doit y avoir des hommes sérieusement préparés à leur tâche.

Les employés de commerce, les ouvriers métropolitains n'auraient aucune chance de réussir aux colonies, s'ils ne recevaient, au préalable, une instruction spéciale.

La connaissance des conditions particulières de l'agriculture, du commerce et de l'industrie dans chaque région de notre domaine d'outre-mer leur est indispensable.

N'est-ce pas pour être partis à la légère, et sans s'être munis d'avance de ce bagage nécessaire que tant de colons ont échoué ?

L'importance de l'enseignement colonial professionnel à qui incombe la tâche de prémunir les jeunes gens contre tout entraîne-ment irréfléchi, de les préparer méthodiquement au dur métier de colon, n'a pas échappé à la presse coloniale.

M. Valran, dans le *Sémaphore* et la *Dépêche Coloniale,* et M. Man-dine dans le *Petit Marseillais* et le *Journal des Colonies* ont tracé l'organisation et le programme de cet enseignement.

Pour compléter l'œuvre dont il a doté Marseille, M. Heckel songe depuis longtemps à fonder dans cette ville une école coloniale professionnelle.

§ 2. — *Ecole coloniale pratique de Joinville-le-Pont.*

Cité au chapitre de l'enseignement colonial primaire, cet établissement mérite surtout d'être connu comme école coloniale professionnelle.

Le Conseil général de la Seine, dans sa séance du 13 décembre 1903, a reconnu cette institution comme école départementale.

Après avoir démontré l'utilité de l'enseignement colonial pratique et l'admirable organisation de l'école, le conseiller rapporteur M. Squéville, a ajouté : « Il suffit de jeter un coup d'œil sur les programmes d'enseignement, puis de visiter l'école elle-même, pour se rendre compte que la préparation théorique et pratique des futurs colons est extrêmement bien conçue.

« Et ici encore il n'y a qu'à s'abriter derrière l'autorité des publicistes coloniaux qui, dans la presse spéciale (*Dépêche Coloniale, Quinzaine Coloniale, Journal des Colonies,* etc.), ont maintes fois loué l'organisation pédagogique de l'établissement en question.

« J'ai le devoir d'ajouter que la ville de Marseille, se proposant actuellement de joindre à l'Institut Colonial d'enseignement qu'elle possède déjà une école primaire supérieure, se bornera presque exclusivement à calquer les programmes et l'aménagement matériel de l'école pratique du Parangon (ainsi que l'attestent les articles publiés dans les journaux de Marseille par M. Gaston Valran, docteur ès-lettres, spécialiste en pédagogie coloniale, et M. Mandine, instituteur public à Marseille.»

Le rapport présenté par M. le docteur Rousseau au Congrès colonial de 1903 fait connaître l'organisation et le but de l'école de Joinville.

En voici quelques extraits :

« Notre enseignement, dit M. Rousseau, est : 1° Spécial : il ne comprend, en effet, aucune connaissance qui ne se rapporte aux colonies ; 2° il est de courte durée, car le cours secondaire colonial commence normalement pour nos élèves à l'âge de 15 ans et se termine à l'âge de 17 ans.

« Dès lors, nos élèves peuvent nous quitter, chercher de l'emploi aux colonies, et, peut-être s'y rendre utiles.

« Nous sommes autorisés à le croire par l'exemple de certains d'entre eux qui ont pu, sortant du Parangon, se tirer très convenablement d'affaire soit en Algérie, soit en Nouvelle-Calédonie.

« Le cours secondaire est précédé d'un cours préparatoire ou primaire colonial. Il comprend (cela va de soi), toutes les connaissances élémentaires qui constituent l'objet de l'enseignement primaire en général : avec cette différence, toutefois, que toutes les leçons sont orientées déjà vers les questions coloniales.

« Les sujets de dictées, les leçons de choses, la géographie, les lectures faites en commun, tout est prétexte à parler de nos colonies, à installer si je puis dire, sans en avoir l'air, l'Idée coloniale dans l'esprit des enfants.

« Nous faisons appel le plus possible à leurs yeux et à leur imagination.

« Des tableaux, des cartes économiques font entrer dans leurs intelligences certaines notions qu'une leçon abstraite ne réussirait point à leur rendre familières.

« Les noms des salles de classes ou d'études sont ceux de nos grands colonisateurs : depuis Champlain jusqu'au docteur Ballay. Enfin les langues étrangères elles-mêmes sont enseignées, au début, selon le même procédé. Chaque objet, dans notre Ecole, jusqu'aux assiettes du réfectoire, porte le nom en quatre langues : français, anglais, espagnol, allemand.

« En toutes choses, en effet, nous nous préoccupons, comme je le disais en commençant, du résultat à atteindre. L'Enseignement n'est pas à lui-même sa propre fin : il n'est qu'un moyen, une préparation incomplète sans doute, mais une préparation à la vie coloniale.

« C'est dans cet esprit que sont enseignées toutes les matières qui constituent le fond de cet enseignement colonial : Botanique coloniale, chimie appliquée, agriculture générale, arboriculture, horticulture, comptabilité, arts et métiers, électrotechnique, météorologie, hygiène, médecine pratique et art vétérinaire, arpentage, etc.

« L'enseignement théorique est toujours subordonné à la pratique.

« Nous ne voulons point former des bacheliers en colonisation, mais des colons travailleurs.

« Voilà pourquoi dans les travaux des élèves, les exercices pratiques occupent une très large et même la plus large place.

« Toute leçon aboutit à quelque application matérielle et immédiate au laboratoire, au potager, à la forge, à l'atelier, au champ d'expérience; car l'école possède tous ces annexes.

« Répartis en plusieurs groupes, afin de mieux profiter des conseils des professeurs ou des ouvriers chargés de les instruire, les uns parmi les élèves se livrent à une manipulation de chimie agricole, tandis que d'autres travaillent au jardin botanique, à la serre, et que d'autres enfin apprennent à débiter une pièce de bois ou à forger un écrou.

« Un autre jour, on les initie au tannage des peaux, à la fabrication du beurre, au labourage, au maniement de l'appareil télégraphique, etc.

« De même, des visites assidues à l'observatoire de météorologie du parc Saint-Maur, leur enseignent les moyens pratiques de prévoir les variations de la température : et je n'ai pas besoin de vous dire, Messieurs, que ces notions sont utiles aux agriculteurs des colonies, comme à ceux de la métropole.

« Ainsi nos élèves font peu à peu (dans la mesure où le permettent les différences de continents, de climats et de productions), l'apprentissage de l'existence qu'ils doivent mener un jour aux pays lointains.»

PROGRAMME ET CONDITIONS D'ADMISSION
DE L'ECOLE COLONIALE PRATIQUE

But. — L'on se propose de former : 1º des colons travailleurs, exploitant par eux-mêmes, ou se mettant au service d'exploitations ; 2º des agents pour les Compagnies de commerce coloniales.

Installation. — L'École est installée à Joinville-le-Pont, à la lisière du bois de Vincennes dans le domaine du Parangon, qui comprend outre le château, des bâtiments scolaires annexes et vingt mille mètres de parc, jardin botanique et champs d'expérience.

Joinville-le-Pont est à vingt-deux minutes de Paris par le chemin de fer, et sur les bords de la Marne.

Enseignement. — L'enseignement est donné sous forme de cours, de conférences et surtout d'exercices pratiques. Les cours théoriques précèdent toujours les exercices pratiques.

L'École fait concourir aussi à l'enseignement, les publications des Sociétés qui ont entrepris la généreuse mission de favoriser l'expansion coloniale de la France.

Dans leurs Bulletins, tout remplis des résultats d'expériences faites par de nombreux colons, on recueille de précieux enseignements qui font vivre les élèves dans une véritable atmosphère coloniale, les défendent contre des entrainements irréfléchis, les mûrissent enfin pour le jour où à leur tour ils prendront leur essor pour aller chercher fortune aux colonies.

Langues étrangères. — La connaissance des langues étrangères est indispensable à ceux qui veulent coloniser. A l'Ecole, l'étude de l'anglais est obligatoire, ainsi que celle d'une seconde langue, qui est, au choix de l'élève, l'allemand ou l'espagnol.

Non seulement des cours réguliers sont faits plusieurs fois par semaine, mais encore les élèves sont tenus d'employer les langues étrangères pendant leurs travaux manuels ou leurs promenades.

Géographie. — L'étude de la géographie coloniale comprend la connaissance approfondie des divers pays de nos possessions : limites, étendue du territoire, conformation du sol, villes et villages, bois, forêts, montagnes, etc.; mœurs et coutumes des peuples indigènes, richesses de la contrée et productions coloniales des diverses régions.

Botanique et Chimie agricole. — Etude et culture des plantes oléagineuses, textiles, tinctoriales, vivrières, à fruits, à caoutchouc, à gutta-percha; caféier, cacaoyer, kolatier, etc., analyse des terrains.

Arboriculture, Horticulture, Viticulture.

Etudes commerciales. — Comptabilité, rédaction de rapports, échanges, documents relatifs aux échanges, transports, voies de communication, marine marchande, lignes de paquebots, emballages des marchandises, formalités d'expédition, service postal, assurances, droit commercial, procédures commerciales, douanes, etc.

Etudes d'Arts et Métiers. — Serrurerie et forge, tournage, plomberie, menuiserie, conduite des moteurs, hydraulique agricole, moulins à vent, briqueterie, etc.

Electrotechnique générale. — Installations électriques, applications mécaniques de l'électricité, télégraphe, téléphone. (Les élèves ont à leur disposition un appareil télégraphique de campagne.)

Météorologie. — Prévision du temps. Des observations journalières sont prises par les élèves relativement aux températures, hauteurs barométriques, direction du vent, quantité de pluie tombée à la surface du sol.

Hygiène, Médecine pratique, Art vétérinaire. — L'eau, eau potable, moyen de purifier l'eau. — L'air, température, moyen de lutter contre la chaleur, contre le froid. — Le vêtement, linge de corps, action protectrice des étoffes contre la température. — Les aliments, principaux aliments, conservation et préparation des matières alimentaires. — Condition de salubrité de la maison.

Asphyxie, empoisonnements, plaies, hémorrhagies, fractures, brûlures, piqûres d'insectes, morsures d'animaux, moyens préventifs et traitements des fièvres, etc.

Hygiène des animaux, maladies contagieuses, habitations, aliments, travail, production des animaux. Opérations d'urgence : saignée, ponction, etc.

Dessin et cartographie, Photographie.

Durée des études. — La durée des études est de deux années.

Examens et diplômes. — Tous les élèves sollicitant leur admission à l'École doivent témoigner qu'ils ont des connaissances suffisantes pour suivre avec profit l'enseignement donné ; sinon ils sont versés provisoirement dans les cours préparatoires organisés également à l'école.

Des examens sont régulièrement subis à la fin de chaque trimestre. Nul élève ne peut être admis à passer dans un cours supérieur sans avoir satisfait aux examens de fin d'année. Les études terminées, les élèves subissent un examen dit de sortie, présidé par une Commission spéciale, et un diplôme d'enseignement pratique colonial est décerné à ceux qui ont obtenu la note bien, c'est-à-dire les quatre cinquièmes au moins du nombre maximum de points qu'on est susceptible d'obtenir.

Admission et régime. — Nul élève ne peut solliciter son admission aux cours coloniaux avant sa quinzième année et sans présenter un certificat de bonne conduite délivré par le directeur du dernier établissement où le candidat a fait ses études.

Les élèves sont demi-pensionnaires ou pensionnaires. Les demi-pensionnaires doivent être présents de huit heures et demie du matin à cinq heures du soir ; ils prennent le repas de midi à l'école. Les pensionnaires sont astreints au régime de l'internat.

Placement des élèves. — L'École ne garantit pas d'une façon absolue le placement de ses élèves réguliers. Cependant, le souci constant du directeur et des professeurs est d'accroître leurs relations dans les milieux coloniaux de façon à y faire apprécier leurs élèves et à trouver pour ceux-ci des débouchés de plus en plus nombreux et variés. Cette tâche deviendra d'ailleurs plus facile à mesure que les promotions se succédant, les anciens élèves de l'École fixés aux colonies seront plus nombreux et constitueront des foyers d'appel pour leurs jeunes camarades.

Visites de l'établissement. — On peut visiter l'École tous les jours de la semaine ou le dimanche. Cinquante personnes sont attachées à l'établissement, et, même en cas d'absence ou d'empêchement du directeur ou du sous-directeur les visiteurs trouveront toujours un guide éclairé pour les conduire à travers l'École.

§ 3. — *Création d'autres écoles coloniales pratiques.*

Local splendide, installation confortable, organisation rationnelle, programmes admirablement conçus : tout concourt au Parangon à assurer aux élèves un séjour délicieux et une éducation appropriée à leurs futures occupations.

Les résultats obtenus par l'École permettent d'affirmer que l'enseignement colonial professionnel, après une courte période de tâtonnement, a trouvé sa forme définitive.

Cet intéressant essai doit être mis à profit dans la création de nouvelles écoles coloniales pratiques.

Par les vastes proportions de ses salles, ateliers, cours et jardins, sa sage et habile direction, la science et le dévouement de ses professeurs, l'institution du Parangon est à même d'envoyer chaque année au-delà des mers de nombreux jeunes gens, bien préparés aux travaux coloniaux ; mais elle ne peut recruter à elle seule l'armée entière des travailleurs d'élite indispensable à l'exploitation de notre immense domaine colonial.

D'autres écoles coloniales sont nécessaires. Où et comment les organiser ?

Sièges des futures écoles. — Il suffirait de créer un de ces établissements dans deux de nos grandes cités métropolitaines en rapports fréquents avec les colonies et disposant de tous les éléments nécessaires au fonctionnement de l'enseignement colonial c'est-à-dire Bordeaux, port d'attache des grands paquebots desservant l'Afrique occidentale, pourvu d'un Institut colonial, et Marseille métropole coloniale de la France.

Contribution financière. — Intéressés à la création de ces institutions, l'État, les départements, les communes et les chambres de commerce offriraient leur généreux concours.

Le ministre des colonies nommerait le directeur, les professeurs, et assurerait leur traitement.

A la Commune incomberaient l'acquisition et l'entretien du local et du mobilier.

Pour alléger cette charge, le Département et la Chambre de Commerce verseraient, chaque année, dans la caisse municipale une somme déterminée.

Les colonies pourraient également fournir une subvention.

Local. — L'établissement comprendrait une grande salle de cours avec gradins en amphithéâtre, une salle d'études, une salle de dessin, une salle de bains, un réfectoire, un laboratoire et un musée-bibliothèque.

Dans des bâtiments annexes, construits suivant la forme particulière à chaque colonie, en matériaux légers, seraient installés les ateliers, les étables, la fromagerie, la buanderie, la boulangerie, la cour avec préaux pourvus d'appareils pour les exercices de gymnastique, une salle pour la préparation des conserves, etc.

Un jardin, attenant ou non à l'école, serait réservé aux cultures potagères et fruitières et aux essais de culture tropicale.

Fonctionnement. — Le personnel de l'école comprendrait un directeur, un économe, un certain nombre de professeurs chargés d'enseigner une ou plusieurs matières du programme, un chef jardinier, un surveillant et les domestiques.

L'école serait en rapports constants avec toutes les institutions dont le but est de favoriser le développement économique des colonies : Office colonial, Office national du Commerce extérieur, Union coloniale ; Comités d'Afrique, d'Asie, de Madagascar, du Maroc ; Société d'expansion coloniale de Bordeaux, Société coloniale du Havre, Comité de peuplement en Tunisie, Service de renseignements généraux en Algérie ; sociétés de patronage, d'assistance, de mutualité, de crédit aux colonies ; chambres de commerce et d'agriculture métropolitaines et coloniales, etc., etc.

Une correspondance régulière avec ces sociétés, avec les gouverneurs et administrateurs coloniaux, permettrait de maintenir l'enseignement au niveau des progrès accomplis dans l'administration et l'exploitation de nos possessions coloniales, et de donner aux élèves toutes les garanties désirables de bon placement.

Recrutement des élèves. — Destinée à la préparation des maîtres-ouvriers et des employés coloniaux, l'école coloniale recruterait ses élèves parmi les enfants de la population ouvrière des villes et des campagnes, munis d'un certificat attestant une instruction primaire suffisante et une bonne conduite.

Les pouvoirs publics, prenant à leur compte les frais d'entretien et d'études, il ne resterait à la charge des élèves que les frais de nourriture.

Bien des familles économes pourraient ainsi permettre à leurs enfants de faire leur éducation coloniale professionnelle. Mais on ne doit pas se dissimuler que le nombre de ces élèves payants serait toujours restreint.

Il faudrait donc demander aux corps élus de mettre à la disposition des aspirants-colons des bourses qui leur ouvriraient les portes de l'école coloniale.

Une circulaire faisant connaître le but de l'établissement serait adressée, à cet effet, aux conseils généraux, aux conseils municipaux et aux chambres de commerce.

Le recrutement pourrait ainsi être assuré en majeure partie par des élèves boursiers.

Programme. — L'école coloniale professionelle ne ferait pas de spécialistes au sens précis du mot. Elle s'attacherait à former des hommes sachant se servir de la main-d'œuvre indigène dans les entreprises de toute sorte, et se tirer d'affaire dans les situations les plus diverses. Elle donnerait toutes les indications utiles au choix d'une carrière.

La durée des études serait de deux ans.

Le programme (à peu près le même que celui de l'école de Joinville) comprendrait : les langues étrangères, quelques notions sur les principales langues indigènes ; la botanique, la chimie agricole et industrielle ; les cultures coloniales ; la législation, l'économie, le commerce et l'industrie des colonies ; les travaux manuels, la météorologie, l'électrotechnique, le dessin, la médecine pratique, l'art vétérinaire, etc.

Pour bien préciser le but de l'école et faire ressortir les services qu'elle serait appelée à rendre, il n'est peut-être pas inutile d'ajouter quelques commentaires sur les principales matières du programme.

La courte durée des études exigerait qu'on s'en tînt strictement aux connaissances spéciales dont les jeunes gens auraient besoin dans leurs futures occupations.

Ces connaissances se rapportent à l'agriculture, au commerce et à l'industrie des colonies, à l'éducation manuelle et aux conseils pratiques.

Agriculture. — La presque totalité de notre empire colonial étant de formation récente, le premier soin des hommes énergiques qui s'y établissent est d'exploiter la terre.

Les travaux agricoles sont les premiers qui doivent être entrepris en pays neufs.

Lorsque l'agriculture peut fournir des produits abondants, l'industrie et le commerce naissent à leur tour, pour les transformer et les faire parvenir sur les lieux de consommation.

Les connaissances agricoles sont d'ailleurs utiles même à ceux qui vont aux colonies pour faire du commerce ou de l'industrie.

Avant d'apprendre aux jeunes gens les cultures diverses qui conviennent au sol colonial, il faut éveiller en eux le goût de la vie et des occupations champêtres, de nos jours si délaissées en France.

Si le colon agriculteur n'aime pas sa ferme, il ne fera qu'un court séjour aux colonies.

Les paisibles travaux des champs, le bonheur de l'existence large et libre au sein de la nature, n'out-ils pas été chantés par les poètes de tous les temps et de tous les pays ?

Chez les anciens, de délicieuses pages ont été écrites sur l'agriculture par Caton, Columelle, Virgile et Cicéron.

Cincinnatus, reprenant sa charrue après avoir exercé la plus haute fonction de l'État, a donné un bel exemple de l'estime que les hommes devraient avoir pour le travail de la terre.

Nos célèbres écrivains, J.-J. Rousseau, Fénelon, Chateaubriand, A. Chénier, Bernardin de Saint-Pierre, Victor Hugo, Georges Sand, Alphonse Daudet, etc., ont fait de très beaux livres sur la nature.

On pourrait citer aux élèves quelques phrases célèbres comme celles-ci : «Les biens que donne la terre sont seuls inépuisables et tout fleurit dans un Etat où fleurit l'agriculture. » (Sully).

« Ce n'est pas seulement du blé qui sort d'une terre labourée, c'est une civilisation tout entière. » (Lamartine).

« Améliorer l'agriculture est une gloire qui vaut toutes les autres.» (Bugeaud).

La nature physique de l'homme réclame la vie au grand air.

L'air pur, les larges horizons, les exercices salutaires, la nourriture frugale et saine, la liberté, la variété des occupations font du travailleur des champs, l'homme le plus heureux.

C'est à la campagne qu'on trouve ces beaux et vigoureux vieillards à l'esprit alerte qui semblent emprunter à la nature son éternelle jeunesse.

En comparant cette existence pleine de charme à la vie enfiévrée et maladive des ouvriers et des employés des villes, ou ne voit pas sans un sentiment d'amertume et de regret, ce fol engouement qui pousse tant de paysans à renoncer à leur liberté, pour devenir de véritables esclaves dans les usines et les bureaux.

Le programme agricole des écoles coloniales comprendrait : l'organisation et le fonctionnement des jardins d'essais coloniaux, les procédés pratiques de culture des plantes les plus rémunératrices et leur distribution dans les diverses régions de notre domaine colonial.

Les plantes qui ont fait autrefois la fortune de quelques unes de nos colonies et qui, pour des causes diverses, sont aujourd'hui déchues, seraient étudiées sommairement.

A quoi servirait, en effet, au jeune homme, poussé vers les

contrées lointaines par le désir très légitime de trouver un travail largement rémunérateur, de connaître dans tous ses détails, la culture de la canne à sucre, si gravement compromise par la production du sucre de betterave, et celle de l'indigo que la, chimie moderne a remplacé par les couleurs d'aniline ?

Il faudrait s'attacher à la petite culture qui a si bien réussi à nos colons d'Algérie, de Tunisie et de Nouvelle-Calédonie.

De nombreux exemples d'exploitations agricoles, accompagnés de tous les documents dont on pourrait disposer (plans, devis, comptes de culture, etc.), seraient montrés aux élèves pour leur permettre de juger par eux-mêmes des résultats obtenus dans nos colonies de peuplement.

C'est de ce côté surtout qu'il conviendrait d'aiguiller nos futurs colons.

Il faudrait toutefois bien se garder de conseiller aux jeunes gens, qui pourraient disposer d'un petit capital, de demander une concession de terre pour l'exploiter eux-mêmes. Cette installation prématurée pourrait leur réserver de sérieux mécomptes.

Les conseils utiles que leur fournirait à ce sujet l'école coloniale ne sauraient, en aucun cas, les dispenser d'un stage dans une exploitation agricole.

Commerce. — Si l'agriculture mérite actuellement d'attirer la plus large part d'attention de ceux qui ont entrepris la tâche de mettre en valeur notre empire colonial, le commerce n'en est pas moins digne du plus vif intérêt.

N'est-ce pas le besoin de trafiquer avec les contrées lointaines qui a fait naître la politique coloniale ?

Les jeunes gens devraient être initiés à l'importance et à la nature des relations commerciales que les colonies entretiennent avec les différents pays du monde, et sur les conditions particulières du commerce de chaque contrée.

Pour réussir dans le commerce colonial, il faut posséder la connaissance complète des.besoins des indigènes, de leur solvabilité, de leur probité commerciale, et s'attacher avant tout à satisfaire leurs goûts très variables.

Une étoffe qui fera la joie d'un Malinké et d'un Bambara de

l'Ouest africain laissera indifférents un Hova et un Sakalave de Madagascar.

Les questions de métrage, de poids, de nuance, peuvent avoir aussi une influence décisive sur le succès d'une maison de commerce aux colonies.

Quelles variétés de mœurs commerciales dans ces pays disparates qui forment notre empire colonial !

Ici on a affaire à des gens soupçonneux à l'excès, qu'il faut convaincre par des paroles persuasives dans des palabres interminables ; ailleurs, ce sont des êtres fourbes avec lesquels on ne doit traiter qu'avec prudence.

Les élèves feraient une étude approfondie des conditions spéciales du commerce de chaque pays, apprendraient les opérations effectuées par les comptoirs et les factoreries de la Côte occidentale d'Afrique qui pratiquent le troc, c'est-à-dire l'échange en nature, les monnaies indigènes et étrangères en usage dans les relations commerciales des contrées de civilisation plus avancée.

Ils connaîtraient tous les droits qui grèvent le prix des marchandises à l'entrée et à la sortie des ports coloniaux ou métropolitains ; les voies et moyens de communication : services maritimes et fluviaux, voies terrestres et ferrées, sentiers muletiers, pistes, etc.

Industrie. — L'énergique initiative des gouverneurs, la libéralité de la métropole et des assemblées coloniales ont donné une vigoureuse impulsion aux travaux publics destinés à doter nos colonies d'un puissant outillage économique.

Les élèves devraient connaître l'état actuel de ces travaux, le mode d'embauchage des travailleurs et la méthode suivie dans l'exécution du travail.

Ils étudieraient aussi les découvertes minières qui ont été faites dans les diverses régions de notre empire colonial, l'avenir probable de ces mines et les résultats obtenus par celles qui sont déjà en exploitation.

L'extraction de l'or en Guyane et à la Côte-d'Ivoire ; celle du nickel en Nouvelle-Calédonie, réservent à ces colonies le plus brillant avenir.

Là ne se bornerait pas l'enseignement industriel à l'école coloniale. Il serait utile de passer en revue les nombreuses industries des pays chauds : rhumeries, féculeries, amidonneries, huileries, tissages, etc., etc.

On insisterait sur celles qui ont été créées ou perfectionnées par les Européens, sur les petites et vieilles industries indigènes les plus intéressantes.

Education manuelle. — Avoir le caractère trempé pour supporter les plus rudes épreuves, l'initiative pour tirer parti des circonstances favorables, posséder les connaissances techniques les plus complètes, ne suffisent pas à faire un bon colon.

A ces qualités de l'âme et de l'esprit doit se joindre une certaine habileté manuelle.

Il est quelquefois difficile aux colonies de trouver des ouvriers assez habiles pour construire une maison d'habitation, une étable, un hangar ou un magasin.

Il faut donc savoir utiliser les matériaux qu'on peut avoir sous la main, et devenir à l'occasion maçon, menuisier et forgeron.

Dans le cas où on n'aurait pas à se livrer personnellement à ces travaux, on pourrait donner aux ouvriers indigènes l'éducation manuelle qui leur fait généralement défaut.

Les élèves apprendraient à travailler le bois, le fer, le cuir, etc., et s'initieraient aux travaux de construction dans les ateliers annexés à l'école.

Ils seraient chargés des soins à donner aux animaux : chevaux, vaches, volailles, etc.; de la culture du jardin et du potager ; de la boulangerie; de la mise en conserve des fruits et légumes ; du service de propreté et de tous les travaux intérieurs.

Conseils pratiques. — Des indications précises feraient connaître aux élèves les colonies telles qu'elles sont et les ressources réelles qu'elles possèdent.

On devrait, à ce sujet, se tenir aussi loin des promesses alléchantes et trompeuses employées à l'époque de Colbert de Law et de Choiseul pour peupler les anciennes colonies, que des bruits méchamment répandus de nos jours par ceux qui cherchent à jeter le discrédit sur nos nouvelles possessions.

Toutes les situations coloniales seraient successivement passées en revue. A côté des professions agricoles, commerciales et industrielles, qui sont naturellement dévolues aux élèves des écoles pratiques, seraient signalées les autres professions, moins nettement définies, que le développement économique de nos colonies fera naître dans un avenir prochain.

Ces professions et métiers, trop nombreux pour être cités, se rattachent à l'industrie du bâtiment, de l'ameublement, de l'alimentation, etc.

Les indigènes, si simples dans leurs besoins, prennent, peu à peu, au contact de la civilisation, le goût du bien-être et des installations confortables.

On pourrait ajouter que les industries locales, encore à l'état rudimentaire, prendront, sous la direction des Européens, une réelle importance et offriront de nouveaux débouchés à l'activité de nos jeunes colons.

Toutes les situations coloniales seraient envisagées sous leur bon et leur mauvais côté.

Les jeunes gens seraient ainsi à même de faire un choix judicieux d'une carrière.

Mais le succès des entreprises ne dépend pas uniquement de l'exactitude des renseignements obtenus ; il réside surtout dans le caractère et les capacités techniques de ceux qui s'y livrent.

Aussi, faudrait-il avoir le courage de conseiller aux élèves qui ne présenteraient pas toutes les conditions requises pour faire de sérieux colons, de renoncer à leur projet d'aller aux colonies.

Plus que jamais, il est nécessaire de faire une sélection parmi ceux qui demandent à s'établir dans nos possessions éloignées.

Bien des déboires seront ainsi épargnés aux jeunes gens qui n'ont qu'un ardent désir de voir du pays et d'acquérir une rapide aisance.

La situation déplorable de quelques Français, partis à la légère pour des contrées lointaines, devrait suggérer d'utiles réflexions à ceux qui, comptant sur leur bonne étoile, s'obstinent à partir, malgré les sages avis de personnes compétentes et désintéressées.

Un article, paru récemment dans la *Quinzaine Coloniale*, sur l'émigration au Tonkin, présente cette situation sous son véritable jour.

§ 4. — *Cours professionnels pour jeunes gens.*

Les dispositions prises pour faciliter l'accès des écoles coloniales pratiques aux enfants de familles d'aisance médiocre, assureraient aux entreprises d'outre-mer des agents subalternes expérimentés et des travailleurs d'élite.

Suffiraient-elles à donner les connaissances coloniales professionnelles à tous ceux qui désireraient les obtenir ?

Un grand nombre de jeunes gens, élèves dans diverses écoles, employés de commerce ou d'industrie, dont la vocation est encore incertaine, seraient, sans doute, très heureux de suivre pendant leurs heures de loisir, un enseignement qui les aiderait à fixer leur choix sur une carrière et à viser une situation aux colonies.

Dans les villes où fonctionneraient les écoles coloniales pratiques, ce légitime désir pourrait être facilement satisfait en fixant certains cours aux heures les plus propices à ces jeunes gens.

Dans les autres chefs-lieux de département, il faudrait créer des cours coloniaux professionnels qui ne sauraient se confondre avec les cours postscolaires.

Ces cours, dont l'importance varierait avec celle des relations coloniales des villes où ils seraient établis, seraient donnés dans un local, spécialement aménagé, comprenant une salle de conférences et un musée-bibliothèque.

Dans les grandes villes maritimes du Havre et de Nantes, et dans les cités industrielles de Lyon, Saint-Etienne, Rouen et Lille, l'enseignement colonial serait plus étendu que dans les chefs-lieux moins importants.

Les directeurs d'écoles, les chefs d'ateliers, de maisons de commerce ou d'industrie seraient priés d'accorder à leurs élèves ou apprentis toute la liberté compatible avec la marche des études ou des affaires, afin de leur permettre de suivre les cours coloniaux.

Visant les connaissances coloniales les plus importantes, le programme de ces cours comprendrait : la géographie économique, les notions générales sur l'hygiène, la climatologie, l'agriculture, l'élevage, le commerce et l'industrie des colonies.

§ 5. — *Cours professionnels pour jeunes filles.*

L'enseignement colonial professionnel est également indispensable aux jeunes filles qui se destinent aux colonies.

Cet enseignement, donné dans des cours analogues à ceux des jeunes gens, compléterait les notions d'économie domestique reçues à l'école primaire.

La maîtresse de maison coloniale doit savoir équilibrer ses recettes et ses dépenses; car elle ne peut compter sur l'honnêteté et l'économie de ses serviteurs indigènes, naturellement portés au gaspillage et au vol.

Elle ne doit rien ignorer des travaux intérieurs de la ferme qui sont généralement effectués sous sa surveillance : soins à donner aux animaux, laiterie, fromagerie, préparation des conserves, emballage des produits, etc.

Pour être à même d'apporter une aide effective à l'entreprise de son mari, elle s'initiera de bonne heure à la comptabilité agricole et commerciale.

Mais la femme européenne établie aux colonies ne devra pas borner son activité à ces travaux domestiques et d'exploitation. Songeant à la mission civilisatrice qui lui incombe, elle apportera aux populations ignorantes et misérables au milieu desquelles elle est destinée à vivre, les bienfaits de sa science et de son cœur.

La démographie et la sociologie indigènes préoccupent à l'heure actuelle tous les peuples colonisateurs.

Les races autochtones des contrées lointaines, que les peuples civilisés ont placées sous leur domination, ont été longtemps traitées avec indifférence, souvent même avec cruauté.

On croyait autrefois nécessaire à la prospérité des affaires coloniales de refouler ou d'exterminer les aborigènes.

On a reconnu depuis que l'exploitation rationnelle, base de la prospérité de tous les pays, devait être assurée par les natifs eux-mêmes.

Il a donc fallu adopter à l'égard de ces derniers une politique plus humaine.

Le besoin de main-d'œuvre, qui se fait sentir partout avec acuité par suite de l'insuffisance de la population, est devenu le principal souci de nos politiques coloniaux modernes.

L'accroissement de la population indigène donnera plus de bras aux entreprises coloniales, plus de consommateurs aux fournisseurs métropolitains, plus d'impôts à l'Administration.

Le Gouvernement français cherche sérieusement à résoudre cet important problème de sociologie indigène d'où dépend l'avenir de ses possessions d'outre-mer.

Sur l'initiative des gouverneurs Gallieni et Roume, des missions ont été envoyées dans l'Inde et à Java, pour y étudier la politique indigène adoptée par les Anglais et les Hollandais dans leurs colonies d'Asie et d'Insulinde.

C'est dans ces mêmes contrées et pour le même objet que M. Joseph Chailley a été envoyé à diverses reprises, par le gouvernement métropolitain.

A cette question de politique indigène se rattache également la récente mission de M. de Brazza au Congo.

Pour arrêter les progrès inquiétants de la dépopulation de nos colonies, il a paru urgent d'y organiser l'assistance médicale.

En Iudo-Chine, en Afrique occidentale, à Madagascar, des écoles de médecine ont été fondées pour fournir des médecins, des chirurgiens, des aides-médecins, des sages-femmes et des infirmiers indigènes.

Ce service d'assistance devra prendre des mesures énergiques pour protéger les enfants contre la négligence ou la faute des parents.

Mais combien de ces derniers ne parviendront-ils pas à tromper la vigilance des autorités ?

Les familles européennes doivent seconder l'assistance officielle dans la répression des manœuvres criminelles commises à l'égard des jeunes enfants.

La femme française est appelée à jouer un rôle particulièrement efficace dans cette protection de l'enfance indigène.

Par sa présence continuelle au milieu des populations natives, par son ascendant, sa bonté prévenante et douce, son langage persuasif, elle contribuera au relèvement moral de la femme indigène, et assurera l'existence à ces pauvres petits êtres que le manque de soins condamne souvent à une mort prématurée.

§ 6. — L'enseignement colonial dans les établissements d'assistance juvénile et dans les colonies pénitentiaires.

Les enfants orphelins ou abandonnés de leurs parents sont recueillis par l'Administration et placés dans des orphelinats ou dans des familles pour y être élevés et y faire l'apprentissage d'un métier.

Cette éducation des « sans-famille » pêche par plusieurs côtés : manque d'unité de vue dans l'organisation, le fonctionnement et le but poursuivi, placement des enfants sans consulter leurs goûts et leurs aptitudes, insuffisance des moyens d'information pour leur trouver un métier honorable.

Les difficultés de placement des apprentis dans la métropole montrent les avantages que les pupilles retireraient d'une éducation coloniale professionnelle.

N'ayant généralement plus dans leur pays d'origine ni parents, ni amis, ces jeunes gens le quitteraient sans regret, pour trouver au loin un emploi rémunérateur.

Tout en accordant une large place à l'enseignement métropolitain, le programme des orphelinats et autres établissements d'assistance juvénile devrait être surtout colonial professionnel.

C'est dans les orphelinats de Londres, de Liverpool, de Manchester, etc., que l'Angleterre recrute ses meilleurs colons.

L'idée d'instruire les orphelins en vue d'une situation coloniale a été réalisée de la façon la plus heureuse par M. l'abbé Cros, à Fabriargues-Saint-Ambroix (Gard).

Cet établissement, hautement approuvé par MM. Etienne, de Mahy et autres célébrités coloniales, a été cité maintes fois par les journaux coloniaux.

Il contient deux écoles distinctes : une pour les garçons et une pour les filles.

Son but est de donner aux orphelins des deux sexes, une éducation coloniale identique, de faciliter leur union et leur placement aux colonies.

Le programme des garçons embrasse les matières suivantes : histoire, géographie, commerce, agriculture et législation coloniales, colonisation, langue anglaise, comptabilité, botanique, élevage, etc. ; celui des filles comprend des notions générales sur les colonies, la coupe, la couture, la cuisine, la réparation et le blanchiment du linge et tous les petits travaux qui rendent la femme si ingénieuse pour donner à la maison du confort et de l'agrément.

M. Cros ne se contente pas de fournir à ses pupilles une éducation appropriée à leurs futures occupations ; il leur permet de réaliser, par leur travail à l'école, un petit capital destiné à couvrir les premiers frais de leur installation coloniale.

Cette remarquable institution est un des plus beaux exemples de philanthropie juvénile. Elle mérite la généreuse attention des personnes charitables qui s'intéressent aux œuvres de bienfaisance.

M. Cros ayant acquis le domaine de Frigolet près Tarascon, y a transféré son orphelinat au mois de mai 1906.

La création d'établissements semblables préoccupe depuis longtemps les pouvoirs publics et l'initiative privée.

M. Thulié a proposé au Conseil général de la Seine de fonder une école en Algérie pour les pupilles de son département.

C'est aussi pour l'envoi des enfants assistés dans l'Afrique du Nord que s'est fondée à Paris et à Alger l'adoption algérienne.

Enfin M, Rabon, riche propriétaire en Algérie, a laissé au Conseil général des Bouches-du-Rhône un magnifique legs pour fonder à Bône un orphelinat agricole destiné à recueillir les enfants assistés de ce département.

Dans des articles d'une haute portée morale et sociale, empreints de cette généreuse ardeur qui anime tous ses écrits, M. Gaston Valran a préconisé le placement aux colonies des enfants traduits en justice.

D'après ce philanthrope, des liens étroits devraient unir les établissements disciplinaires, les sociétés de patronage et les entreprises coloniales.

Les directeurs d'usines, les chefs d'ateliers, les commerçants reçoivent difficilement en France les jeunes gens pourvus d'un casier judiciaire.

Le jeune homme qui a conservé des instincts pervers, mérite d'être tenu ainsi à distance ; mais combien ne doit-on pas regretter la dureté impitoyable de la société envers celui qui a été accessible aux bons sentiments et au repentir !

Ne pouvant exercer aucun métier, celui-ci revient bientôt à ses anciens défauts, en contracte de nouveaux plus redoutables, et ne tarde pas à devenir un danger pour cette société qui l'a rejeté de son sein.

Transplantés sur le sol colonial, au milieu d'une population ignorante de leurs fautes, ces adolescents pourraient recommencer une vie nouvelle et se faire une situation honorable.

Le placement aux colonies des enfants traduits en justice a été sérieusement examiné par tous les Congrès de sociétés de patronage.

La création d'écoles destinées à préparer ces jeunes gens aux professions coloniales a été reconnue nécessaire. Ce vœu n'a pas encore été réalisé en France.

On peut citer, au contraire, deux établissements de ce genre en Algérie. L'un a été fondé à Bône par M. Gentil, président du tribunal civil de cette ville; l'autre est à Sainte-Marie-du-Zit (Province d'Oran).

Ces deux institutions, appliquant aux jeunes patronnés les principes de l'école de Frigolet, poursuivent l'éducation parallèle des garçons et des filles en vue de la fondation de la famille coloniale.

§ 7. — *Stage colonial.*

Les connaissances professionnelles acquises dans les divers établissements d'enseignement colonial de la métropole devraient avoir un complément d'études expérimentales aux colonies.

L'apprentissage sur place est en effet indispensable pour rectifier certaines idées, s'initier à la pratique des cultures, de l'industrie, du commerce de chaque contrée ; se familiariser avec la langue et les habitudes des populations indigènes.

Avant d'entreprendre une affaire pour son propre compte ou se mettre au service d'un autre colon, le jeune homme, préparé par une solide instruction professionnelle, a besoin de faire dans la colonie de son choix, l'expérience de ses connaissances et de s'habituer au milieu indigène où il est appelé à vivre.

Il serait utile, à ce sujet, de s'inspirer de l'excellente méthode de colonisation hollandaise qui exige du candidat à la direction d'une plantation un stage de dix ans, l'obligeant à passer par tous les emplois, depuis celui de simple ouvrier.

Trop impatients de voler de leurs propres ailes, les jeunes Français ne sauraient s'astreindre à la longue durée du stage hollandais ; mais ils devraient renoncer à leur prétention de ne rien ignorer de leur future profession, et savoir qu'un apprentissage de deux ou trois ans leur est nécessaire pour la connaître exactement.

Les particularités qui caractérisent chacune des nombreuses carrières coloniales rendent difficile la conception d'un plan d'organisation d'ensemble du stage colonial.

Dans chaque colonie l'apprentissage se présentera dans des conditions spéciales qui ne se retrouveront pas dans la colonie voisine.

Quelques considérations générales peuvent toutefois ne pas être inutiles.

En relations fréquentes avec les services coloniaux, les sociétés de propagande coloniale et de colonisation, etc., les écoles coloniales professionnelles seraient à même de fournir de précieuses indications pour le placement des apprentis.

Avant leur sortie de ces écoles ou des cours professionnels, les élèves devraient faire connaître la profession qu'ils auraient choisie et le pays où ils désireraient l'exercer.

Ceux qui n'auraient fait choix d'aucune profession, se réservant de le faire dans la colonie même, pourraient se mettre en service dans une exploitation quelconque où ils étudieraient l'emploi qui conviendrait le mieux à leurs aptitudes.

Le service militaire aux colonies faciliterait, dans une certaine mesure, cette expérience pratique du climat, des habitudes et des travaux coloniaux.

Les élèves qui seraient fixés sur le choix d'une profession et désireraient en faire l'apprentissage immédiat, pourraient être placés chez un directeur d'entreprise ou chez un petit colon.

Les écoles professionnelles se chargeraient de faire les démarches nécessaires à cet effet et informeraient les intéressés de la suite donnée à leur demande.

Des essais très intéressants d'apprentissage ont été tentés dans quelques unes de nos possessions lointaines.

Un colon de la Nouvelle-Calédonie fournit aux apprentis la nourriture et le logement, les fait participer à tous les travaux intéressants sur lesquels il leur donne tous les avis et conseils utiles. Il demande en retour un engagement d'un an sans salaire.

Le comité de peuplement français en Tunisie place les jeunes gens dans les métairies où chacun d'eux occupe l'emploi le mieux approprié à ses capacités.

Il centralise les demandes des cultivateurs français désirant s'établir dans la Régence comme garçons de ferme, maîtres-valets, métayers et fermiers, et les offres des propriétaires disposés à employer les Français.

La Société de patronage de Bône trouve également pour ses pupilles de nombreux emplois dans les manufactures de liège et les mines de l'Ouenza.

Une société de colonisation la « Solidarité » a été fondée en 1892 pour favoriser l'émigration des paysans dauphinois sans fortune.

La « Colonisation Française » fournit aux jeunes colons les capitaux nécessaires à leur installation.

Cette société possède une propriété de 3.000 hectares aux Maâlifs, commune mixte de Saïda, au sud de la province d'Oran.

Pour devenir propriétaire, le candidat-colon doit passer une année dans une grande ferme comme employé payé pour y prouver ses aptitudes, sa conduite et sa sobriété. Il a vingt-cinq ans, pour se libérer envers la société qui a pourvu à son installation.

La « Société de l'Habra et de la Macta » poursuit par des moyens analogues la création de centres de colonisation en Algérie.

§ 8. — *Facilités d'établissement aux colonies.*

Donner l'instruction professionnelle la plus rationnelle, faciliter l'apprentissage dans les entreprises lointaines ne suffisent pas à assurer aux jeunes gens une situation indépendante aux colonies.

Après les années de stage, le jeune colon deviendra selon ses goûts surveillant dans une exploitation agricole, chef d'équipe dans une usine ou une mine, commis ou comptable dans une maison de commerce.

Plus tard, lorsque l'expérience lui aura fait connaître tous les détails de sa profession, il aura sans doute la légitime ambition de devenir à son tour fermier, propriétaire, industriel ou commerçant.

Aura-t-il alors en mains toutes les ressources nécessaires à son installation ?

A ses connaissances professionnelles approfondies, à sa complète expérience du métier, ne devra-t-il pas ajouter un élément indispensable à toute entreprise : le capital ?

Les économies qu'une vie sobre, une conduite réglée et un travail assidu lui auront procurées, lui suffiraient sans doute pour entreprendre une petite exploitation.

Mais s'il se trouve sans avances, ou s'il désire tenter une affaire exigeant une mise de fonds importante, à qui s'adressera-t-il pour se procurer la somme nécessaire ?

Pour fournir au colon les moyens de s'installer et de poursuivre la marche régulière de son entreprise ; pour atténuer ses pertes en cas d'insuccès ou de malheur, il faut procéder à une organisation effective des institutions coloniales de crédit, d'assistance, de prévoyance et de mutualité.

Le crédit et l'assurance, ces deux fondements de la prospérité de toute entreprise, fonctionnent déjà dans quelques colonies, d'après les principes répandus par M. de Castries.

Dans l'Afrique du Nord, des banques subventionnées par la Banque d'Algérie ont été fondées.

La coopération appliquée au crédit, préconisée par Raiffesen en Allemagne, Wollenborg en Italie, Rayneri dans le midi de la France, serait digne d'attirer l'attention des colons.

Des syndicats s'organisent : en Algérie pour la vente du vin ; en Tunisie pour celle de l'huile ; à la Réunion pour celle du rhum.

A ces syndicats commerciaux il faut ajouter les syndicats agricoles formés par des groupes de métayers en Tunisie et en Algérie.

Des sociétés d'assistance mutuelle ont été fondées dans quelques unes de nos colonies.

CHAPITRE V

ЛUSÉES D'ÉDUCATION COLONIALE

Après avoir montré, dans divers articles de la *Dépêche Coloniale*, l'importance des documents écrits, figurés et naturels en matière d'enseignement, M. Valran voulut tenter l'essai d'un musée colonial scolaire.

Admirablement secondé par M. Püech, le sympathique gardien-chef de la prison d'Aix, il réunit dans ce local quelques collections de produits coloniaux qui devaient servir à l'instruction des jeunes détenus.

Les dons ayant affiué de toutes parts, ce musée se trouve aujourd'hui à l'étroit dans le gracieux mais petit appartement où il est installé.

M. Demoulin, instituteur, a fondé à l'école de la rue des Vertus, à Paris, un musée d'éducation coloniale qui a été inauguré le 7 décembre 1902 par MM. Chautemps, ancien ministre des colonies, Bédorez, directeur de l'enseignement primaire de la Seine, et Joseph Chailley, directeur général de l'Union coloniale.

Le plan suivant lequel ce musée a été conçu et réalisé a été exposé dans différents organes de la presse parisienne, entre autres *le Petit Parisien*, *le Petit Journal*, *le Français*, *la Fronde*, etc., etc.

M. Demoulin a synthétisé son œuvre dans un tableau-musée dénommé *Office colonial scolaire*.

Ce tableau porte des baguettes rainées délimitant des emplacements destinés à recevoir des graphiques, des notices, des cartes.

Un casier, renfermant neufs tiroirs vitrés à leur face intérieure où sont placés des échantillons des principales productions coloniales, complète l'ensemble.

L'étude de chaque colonie est faite sur un plan identique :

1° Un graphique indiquant la superficie de la colonie comparée à celle de la France, un chiffre de population, un planisphère déterminant la situation de la colonie, la distance du port de départ, la durée et le prix de voyage ;

2° Une carte simplifiée et illustrée au point de vue ethnographique ; 3° deux planches, l'une de la faune, l'autre de la flore ; 4° des gravures intéressant la culture du pays, l'industrie, les mœurs indigènes etc ; 5° des échantillons des principales productions coloniales présentées le plus près possible de la nature : le café en cerise, le riz en épi, etc.; 6° des notices étudiant l'histoire de la colonie, son climat, ses cultures, sa situation économique, les conditions de la colonisation.

Sur la proposition de M. Hénaffe, le Conseil municipal de Paris a décidé l'installation de ce musée au pavillon du Bardo dans le parc Montsouris.

Les musées d'éducation coloniale, organisés dans toute la France, pourraient être classés en musées régionaux et en musées départementaux.

Le musée régional, installé dans chaque école coloniale professionnelle, comprendrait une bibliothèque et une salle de collections.

Bibliothèque. — La bibliothèque contiendrait tous les ouvrages, cartes, images, tableaux et autres documents nécessaires à l'enseignement colonial.

Les maîtres et les élèves des écoles pratiques et des cours professionnels y trouveraient des traités sur l'histoire, la géographie, l'agriculture, l'élevage, le commerce, l'industrie et la main-d'œuvre des colonies.

Les instituteurs et les élèves des écoles primaires pourraient y faire de fréquents emprunts.

L'enseignement colonial supérieur, organisé depuis plusieurs années en France, est déjà abondamment pourvu de livres spéciaux.

L'Institut colonial de Marseille, qui fait paraître chaque année le résultat de ses recherches sur les richesses végétales, animales et minérales des colonies, met, en outre, entre les mains de ses élèves, le résumé des conférences faites par ses professeurs à la Chambre de Commerce,

Les notions coloniales n'ayant pas encore acquis droit de cité dans les programmes des écoles communales, les ouvrages spécialement rédigés pour l'enseignement colonial primaire sont encore très rares.

Puisque la bibliographie coloniale primaire n'existe pas, quels sont les premiers éléments qui pourraient la former ?

Ce serait d'abord un manuel des principales connaissances coloniales élémentaires qui comprendrait deux volumes : 1° le *Manuel colonial primaire élémentaire* pour les écoles primaires ; 2° le *Manuel colonial primaire supérieur* pour les écoles supérieures, les écoles normales, les écoles de commerce et d'industrie, etc.

Viendraient ensuite les livres d'instruction coloniale élémentaire : histoire, géographie, lecture, recueil de sujets de composition française, de dictées, de problèmes, etc.

Destinés à répandre un enseignement tout nouveau, ces ouvrages devraient être conçus dans un esprit qu'il n'est peut-être pas inutile d'indiquer ici.

Manuel colonial. — Cette petite encyclopédie, destinée à répandre les premiers éléments des principales connaissances coloniales, ferait l'objet d'une étude spéciale de la part des élèves et serait consultée par eux lorsqu'ils voudraient être fixés sur une question concernant nos colonies. Ce livre devrait se borner à donner un aperçu de l'histoire et de la géographie des possessions lointaines de la France et s'attacher spécialement à faire connaitre leurs principales productions, leur commerce et leur outillage économique.

Traité d'histoire. — Le livre d'histoire coloniale devrait montrer l'évolution qui s'est accomplie de nos jours dans la politique extérieure des peuples.

Obligés de trouver au loin des terres nouvelles pour y déverser le surplus de leur population, des débouchés pour leur industrie et un élément de trafic pour leur commerce, ces peuples cherchent, avec une activité fiévreuse, à étendre leur domination sur les parties du monde restées étrangères à la civilisation moderne.

Dès l'école primaire, il serait bon de faire ressortir les mobiles qui ont dicté les actes de nos gouvernants dans cette politique d'expansion lointaine.

Inspirés par une notion peu exacte des événements, ces actes n'ont pas toujours été accomplis avec l'habileté et l'esprit de suite qui auraient pu en assurer le succès.

Cet aveu ne doit toutefois rien nous faire perdre de notre fierté en présence des résultats acquis.

Profitant de l'avance que nous avions sur d'autres peuples, et tirant habilement parti de quelques circonstances favorables, nous aurions pu mieux faire ; mais malgré nos fautes, nous avons su encore nous tailler notre large part dans le gâteau colonial.

Quoiqu'en pensent certains adversaires de la colonisation, la France n'a pas été poussée dans la voie des expéditions coloniales par le seul désir d'agrandir son domaine et de relever le prestige de ses armes.

Ce n'est que contrainte par les événements qu'elle a quelquefois porté la guerre dans des contrées où elle voulait faire régner la paix et la civilisation.

C'est sur le terrain économique qu'il faut se placer pour trouver les vrais mobiles de cette politique.

La France voit ses marchés de plus en plus abandonnés des acheteurs étrangers. Sa production agricole et industrielle ne s'écoule que difficilement au dehors. Sa marine marchande perd chaque jour de nouveaux éléments de fret.

Les matières premières nécessaires à l'industrie ainsi que les produits d'alimentation viennent encore, en grande partie, des colonies étrangères.

C'est pour acquérir des marchés certains, où l'échange des produits manufacturés de la métropole et des produits coloniaux pourra se faire entre ses propres nationaux, et pour garantir à sa marine marchande le bénéfice de cet important trafic, que la France a voulu avoir des colonies.

Il faudrait donner quelques détails sur le but économique poursuivi par la France dans sa politique extérieure, et dire comment celle-ci a compris jusqu'ici son rôle de nation colonisatrice.

Les mesures prises par elle à cet effet (organisation politique, administration, amélioration du sort des indigènes, création de l'outillage économique, mise en valeur du sol, développement du commerce et de l'industrie, etc.), devraient être indiquées.

Les missions scientifiques ou commerciales qui ont préparé la voie à nos soldats et à nos colons, au prix des plus dures privations, souvent même au péril de la vie, mériteraient d'être connues.

C'est aux hardis explorateurs qui en ont fait partie que nous devons les plus belles pages de notre histoire coloniale. Leurs noms, comme ceux des autres colonisateurs (gouverneurs et administrateurs) qui ont porté au loin le prestige et le bon renom de la France, devraient être mis en relief.

Il serait injuste de ne pas faire figurer à côté de ces derniers, ces simples particuliers, commerçants ou planteurs qui, sans mandat officiel, sans protection efficace de leur gouvernement, souvent même désavoués par lui, ont entrepris, avec une opiniâtreté inlassable, la noble tâche de faciliter l'acquisition à la mère-patrie des contrées où ils s'étaient fixés.

Quelles belles pages n'écrirait-on pas sur les hardis pionniers de l'influence française comme les Dupuis, au Tonkin, et les Laborde, à Madagascar ! Quels nobles et édifiants exemples pour les élèves!

L'ouvrage serait abondamment pourvu d'illustrations soigneusement choisies parmi celles qui seraient le plus propres à frapper l'imagination des enfants.

Ce seraient d'abord les portraits des hommes d'État qui ont orienté la politique de la France dans la voie coloniale et lui ont ouvert des destinées nouvelles ; ceux des hommes courageux et habiles qui ont été les artisans de cette politique.

Viendraient ensuite les épisodes de la conquête de notre nouvel empire où soldats, administrateurs et colons ont rivalisé de courage et d'abnégation.

De nombreuses cartes permettraient de suivre intelligemment la marche des missions scientifiques ou commerciales envoyées pour reconnaître les pays neufs, en étudier les richesses et les courants commerciaux et celles de nos troupes qu'il a été souvent nécessaire d'expédier dans ces contrées pour faire respecter nos droits.

Il serait bon aussi de reproduire les principaux types d'indigènes de nos diverses colonies.

Traité de géographie. — Après avoir décrit l'aspect des régions nouvelles qui ont été placées sous l'autorité de la France, on devrait s'efforcer, en géographie coloniale, de mettre en relief les véritables éléments de la prospérité de ces pays. — S'agit-il de montagnes ? il faudrait indiquer l'influence de celles-ci sur les précipitations pluviales du pays qu'elles dominent.

On sait qu'en arrêtant la marche des nuages, les élévations montagneuses occasionnent des pluies bienfaisantes qui déterminent une poussée vigoureuse de la végétation, et assurent à la contrée une source de richesses.

Si un exemple était nécessaire, ou le prendrait en Afrique Occidentale où l'on verrait : d'une part, que la végétation luxuriante de la côte de Guinée est due aux pluies à peu près incessantes formées par les nuages venus de l'Atlantique et arrêtés par les sommets du Fouta-Djallon ; d'autre part, que l'aridité des plaines sablonneuses du Sénégal, du Sahara et du Soudan a pour cause l'absence de toute montagne.

Passant au système hydrographique, on ne s'en tiendrait pas à la simple liste des fleuves et des rivières. Il ne faudrait citer aucun cours d'eau sans parler des éléments de prospérité que ses eaux assurent au pays traversé : transport économique, irrigation des terres destinées à l'agriculture, force motrice permettant le travail de transformation des matières premières par l'installation des usines et manufactures.

La description des ressources d'une contrée ne saurait être également une sèche énumération.

En fait de cultures, il faudrait montrer les conditions favorables à leur extension, dire un mot de la nature des terres, du régime des pluies, des vents et autres influences climatologiques.

Si une colonie doit sa richesse au développement du commerce, ou devrait faire ressortir les causes de cette prospérité : ressources abondantes du pays, facilités de transport, débouchés assurés, etc.

Certaines contrées, autrefois prospères, sont devenues pauvres.

Il faudrait faire connaitre les causes de cette décadence économique.

L'Algérie-Tunisie n'était-elle pas, à l'époque romaine, un des pays les plus fertiles du monde ?

L'invasion musulmane remplaça les vastes champs de céréales par de maigres pâturages.

Depuis l'occupation française, l'agriculture a pris un nouvel essor. Le blé et l'olivier ont reconquis leur ancien domaine et la vigne s'étend de plus en plus sur les espaces inoccupés.

Chercher par quels moyens pratiques tels que : captage de sources, barrages, canaux, les légions romaines avaient su donner la fertilité aux terres, serait une étude des plus fructueuses qui donnerait l'espoir de voir renaître un jour l'ancienne prospérité d'une de nos plus belles colonies.

Les vastes plaines du Soudan, aujourd'hui si désolées, étaient autrefois couvertes de cultures.

Les indigènes tiraient du sol les céréales et les légumes nécessaires à leur alimentation.

L'arrivée des conquérants musulmans, tyrans sanguinaires et grands chasseurs d'esclaves, avait semé la ruine dans tout le pays.

En les délivrant du joug de leurs oppresseurs et en leur assurant une protection efficace et durable, la conquête française a fait le bonheur de ces misérables populations négritiennes qui reviennent peu à peu aux travaux agricoles, depuis longtemps abandonnés.

Livre de lecture. — C'est ici que l'imagination fertile des auteurs pourrait se donner libre carrière.

Episodes de l'histoire de la colonisation, scènes champêtres, mœurs indigènes, etc., tout peut servir de thème pour composer un livre de lecture.

Mais il faudrait peut-être ne pas poursuivre un but trop exclusif.

Si, en effet, on choisissait un sujet historique, les élèves ne s'en plaindraient pas, car ils aiment tout ce qui frappe l'imagination ; mais l'ouvrage ne disant rien des richesses de nos nouvelles possessions et des moyens mis en œuvre par les Français pour en tirer parti, ne répondrait que faiblement au but de l'enseignement colonial primaire.

Un sujet essentiellement pratique n'offrirait pas cet attrait séduisant qui tient l'esprit en éveil, et sans lequel toute lecture est forcément sèche et monotone.

Il ne serait pas impossible de réunir en un seul volume illustré, conçu dans la forme la plus propre à fixer l'attention des élèves, des notions générales sur l'histoire, la géographie, les cultures, le commerce et l'industrie des colonies.

C'est ce qu'a fait, avec un grand talent, M. Josset, dans son livre *A travers nos colonies.*

Recueil de sujets de composition française, de dictées et de problèmes. — Le choix des sujets de composition française et de dictées pourrait s'exercer sur une foule d'objets se rapportant à l'histoire et aux procédés d'exploitation de nos colonies.

Il serait aussi facile de trouver des problèmes. Dans les diverses occupations coloniales agricoles, commerciales et industrielles, tout peut être matière à calcul.

Le colon agriculteur, industriel ou commerçant ne se lancera dans une affaire quelconque sans avoir, au préalable, calculé le bénéfice probable qu'il pourra en retirer. Dans toute entreprise, il devra chaque année établir un compte général de ses recettes et dépenses, et faire en outre, de temps à autre, des calculs de détail.

L'agriculteur voudra connaître le rendement et les frais de main-d'œuvre de chaque plante par hectare et par an.

Comment l'industriel pourra-t-il modifier ses procédés d'exploitation de manière à accroître ses bénéfices, s'il ne se rend pas compte de la marche de son entreprise ?

Traitant une multitude d'affaires, le commerçant devra tenir une comptabilité exacte de ses opérations journalières.

Cartes, tableaux de leçons de choses, bons points. — La bibliothèque serait abondamment pourvue de cartes, tableaux de leçons de choses, bons points et autres illustrations propres à donner de l'attrait à l'enseignement colonial.

Cartes. — Les cartes coloniales, nombreuses et sobres de détails, pourraient comprendre : 1° les cartes générales représentant l'ensemble d'une colonie ou d'un groupe de colonies ; 2° les cartes locales.

Les cartes générales, allégées des noms des petites localités et des petites rivières, contiendraient, en lettres de couleur, l'indication apparente des principales cultures, des exploitations minières et des principaux produits qui alimentent le commerce de chaque colonie.

Les cartes locales donneraient de nombreux détails sur la topographie, les productions et les exploitations d'une région déterminée.

Les fleuves et les rivières importantes, les canaux, les voies ferrées, les chemins carrossables, les sentiers muletiers y seraient nettement tracés.

Des signes conventionnels montreraient les points extrêmes de la navigation fluviale aux hautes et aux basses eaux et le tonnage des bateaux pouvant circuler librement.

Tableaux de leçons de choses. — Les livres d'histoire, de géographie et de lecture feraient connaître à la jeunesse scolaire les immenses contrées que la France a acquises au delà des mers ; leur apprendraient les étapes parcourues dans cette voie de conquêtes lointaines ; leur montreraient l'avenir réservé à ces vastes pays si, par une sage administration et une exploitation rationnelle des ressources qu'ils contiennent, nous savons en tirer parti.

Mais s'il est utile d'apprendre aux enfants comment, après la perte de notre ancien empire colonial, nous avons su en reconstituer un nouveau ; de leur signaler le profit moral et économique de cette acquisition ; il n'est pas moins nécessaire de leur dire que si nous voulons trouver sur les marchés coloniaux le placement fructueux de nos denrées et objets manufacturés nous devons, par une juste réciprocité, assurer à nos colons et à nos indigènes la vente de leurs propres produits.

Il serait injuste d'obliger ces derniers à nous débarrasser, dans des conditions avantageuses, du surplus de notre production et de leur refuser les marchandises qu'ils voudraient nous offrir en échange.

On sait avec quel engouement injustifié le public accorde ses préférences à tel produit colonial parce qu'il porte une marque en renom.

Aussi pour les denrées les plus communes, nous sommes tributaires des colonies étrangères. Il importe de dire bien haut que nos possessions lointaines sont à même de fournir à l'alimentation de très bons cafés, cacaos, thés, etc.

Ne craignons pas de faire un peu de réclame en faveur de nos productions coloniales.

N'est-ce pas là d'ailleurs encore une affaire d'éducation ?

Pourquoi ne pas montrer aux jeunes Français le tort qu'ils font à nos colonies et par ricochet à l'industrie et au commerce nationaux, en se plaisant, pour vouloir paraître de bon ton, à consommer une denrée en vogue dont le seul mérite est de venir de l'étranger ?

Rien ne contribuerait plus à assurer parmi les consommateurs français un courant d'opinion favorable aux produits de nos possessions coloniales, qu'en les mettant fréquemment sous les yeux des enfants.

Mais il ne suffirait pas de les leur faire voir de loin ; il faudrait, si la chose était possible, et dans certains milieux, elle pourrait l'être, les mettre à même d'en savourer le goût s'il s'agissait d'un aliment ; d'en constater la finesse et la solidité, si c'était un textile ; la délicatesse de parfum, si c'était une essence aromatique.

Il faudrait encore, dans certains cas, faire connaître les transformations subies par la mâtière première pour devenir utilisable.

Nos écoles primaires doivent donc être pourvues d'une petite collection d'échantillons coloniaux.

L'enseignement par l'aspect, la « leçon de choses » est indispensable aux enfants qui ne peuvent se faire, par comparaison, une idée exacte des objets qu'ils n'ont jamais vus.

Cet enseignement serait donné à l'aide de tableaux où se trouveraient réunies les figures, échantillons et notices des principaux produits et qui formeraient trois groupes : végétaux, animaux, minéraux.

Voici, sur une des denrées coloniales les plus connues en France, un exemple des indications que pourraient contenir ces tableaux.

CAFÉ. — Figures : arbres sur pied, feuilles et fleurs, groupement de fruits sur la branche, appareils de décortication et de trituration.

Echantillons : café en coques, café en parches, café habitant, café bonifié.

Fruits ouverts pour montrer la disposition des graines. Fruits et graines des principales espèces contenues dans de petits flacons en verre fixés sur le tableau.

Notice explicative, cartes, images : histoire, botanique, culture, rendement, pays de production, commerce.

Carte des principales régions de culture. Images reproduisant une caféière, une usine de décortication, etc.

Bons points. - - L'enseignement par l'aspect pourrait encore être réalisé à l'aide d'images ou bons points, comprenant les séries suivantes :

Histoire (principaux épisodes de l'histoire de la colonisation française, portraits des grands colonisateurs) ;

Géographie (montagnes, cours d'eau, villes et villages, etc.) ;

Ethnographie (types d'indigènes, armes, objets usuels, instruments de travail, etc.);

Productions (produits végétaux, animaux et minéraux) ;

Scènes de la vie coloniale.

La reproduction de chacun de ces objets serait accompagnée d'une notice explicative inscrite sur le verso de l'image.

Boîtes à collections. — Ce procédé, usité depuis longtemps au Muséum, a été récemment mis en pratique à l'École de Joinville-le-Pont.

Il consiste à disposer dans des boîtes divisées en casiers, ayant les dimensions d'un gros volume, les échantillons des principales variétés botaniques et commerciales d'un même produit.

Le nom de ce produit est inscrit en lettres apparentes sur le dos de la boite.

Une lame de verre, recouvrant les casiers, empêche les échantillons de se mêler entre eux ou de se répandre au dehors lorsqu'on déplace la boîte.

Sur le côté intérieur du couvercle de celle-ci se trouve une image de la plante qui a fourni le produit.

Ces collections pourraient constituer une sorte de bibliothèque dont les volumes seraient représentés par des boîtes, faisant ainsi un utile pendant à la bibliothèque des ouvrages historiques, géographiques, commerciaux et agricoles de nos colonies.

Les boîtes se rapportant à la même série de produits seraient classées dans un rayon spécial.

Le rayon des produits féculents voisinerait avec celui des produits oléagineux qui aurait lui-même, à sa suite, le rayon des épices, etc , etc.

L'assimilation de ces collections à une bibliothèque serait rendue encore plus complète si chaque boite était pourvue d'une notice donnant les renseignements essentiels sur le produit collectionné et sur la plante d'où il a été tiré.

Cette notice, ornée de cartes des pays de culture et de nombreuses images, serait retenue contre le couvercle, à l'intérieur de la boîte, par un petit ruban d'acier formant ressort.

Pour la retirer, il suffirait d'écarter celui-ci de sa position normale.

La boîte à collection mettrait sous les yeux tous les éléments nécessaires à l'étude d'un produit : texte explicatif, cartes, figures, échantillons.

(Des spécimens de cartes, tableaux de leçons de choses, bons points, boîtes à collections destinés à l'enseignement colonial dans les écoles primaires, ont été déposés, en 1902, au Musée Colonial de Marseille).

Salle de collèctions. — Dans une salle contiguë à la bibliothèque se trouveraient les collections classées par colonies et par produits.

Classement par colonies. — Les produits de chacune de nos possessions lointaines se trouveraient réunis dans une vitrine verticale disposée contre les parois de la salle.

Au-dessus de la vitrine, dans un cadre formant fronton, figurerait une carte de la colonie entourée de nombreuses photographies des villes, des habitants, des plantes, des animaux, etc.

La vitrine comprendrait quatre divisions : la première, pour les produits animaux ; la deuxième, pour les produits végétaux ; la troisième, pour les produits minéraux ; la quatrième, pour les vêtements, armes et autres objets indigènes.

Chaque division contiendrait un certain nombre de casiers permettant le classement des genres, espèces et variétés.

Chaque plante montrerait ses différentes transformations végétales (fleurs, fruits, graines, etc.), et ses transformations industrielles.

Des fiches très apparentes feraient connaitre les régions de production, le rendement par hectare et par pied, le prix de revient sur place et tous les frais grevant la marchandise avant son arrivée au lieu d'utilisation, le prix sur les divers marchés du monde.

Classement par produits. — Les grands produits coloniaux alimentaires et industriels : café, riz, cacao, caoutchouc, etc., seraient placés dans des vitrines horizontales disposées au milieu de la salle.

Dans chaque vitrine se trouveraient une mappemonde, indiquant les principales régions de production ; les sortes commerciales et toutes les indications utiles à l'étude comparative du même produit dans les diverses contrées du monde.

Fonctionnement du musée. — Les livres, tableaux de leçons de choses, cartes, boites à collections, bons points, échantillons naturels, dont le musée posséderait de nombreux exemplaires, seraient mis à la disposition des écoles primaires.

Un roulement permettrait au service des prêts du musée de faire parvenir à chacune des écoles de la région tous les documents qui lui seraient demandés.

Le musée régional concentrerait les ouvrages et les produits et en ferait une équitable répartition entre les musées départementaux de son ressort.

Il serait chargé de répondre, dans la mesure de ses moyens, en puisant aux sources les plus authentiques, aux demandes de renseignements qui lui seraient faites.

Dans chaque chef-lieu ne possédant pas d'école coloniale pratique, au siège des cours coloniaux professionnels, se trouverait un musée colonial dont le rayon d'action s'étendrait à toutes les écoles du département.

CHAPITRE VI

---

§ 1. — *Universités et Sociétés de propagande coloniale*

Dans les Universités françaises, l'enseignement colonial est donné par des professeurs titularisés dans d'autres chaires.

Seules les Universités de Paris et de Bordeaux possèdent des chaires spéciales : une de géographie à chacune des Facultés des Lettres ; une de législation et d'économie coloniale à la Faculté de Droit de Paris.

Les cours coloniaux, subventionnés par l'Etat, les départements, les communes et les grandes sociétés coloniales, diffèrent d'une région à l'autre par leur nombre et la nature de leur enseignement.

Chaque ordre de Facultés (Droit, Lettres, Sciences, Médecine) en possède un ou plusieurs.

Il sera donc facile d'étudier la marche de l'enseignement colonial supérieur en France en prenant une à une chaque catégorie d'enseignement.

C'est à la Faculté de Droit de Paris que fut fait en 1886 le premier essai d'enseignement colonial.

M. Leveillé, professeur de droit, puis député de Paris, qui avait pris l'initiative d'introduire les sciences économiques coloniales dans les Facultés de Droit, fut chargé d'enseigner la législation coloniale dans la capitale.

Peu après le même enseignement fit son apparition dans les Facultés provinciales.

Il entra, en 1889, dans les programmes de la licence en droit sous forme de cours à option.

Transféré en 1895 de la licence au doctorat, il prit le titre de cours de législation et d'économie coloniales.

Il n'y a que les Facultés de droit de Paris, Aix, Bordeaux, Lyon, Nancy, Rennes, Poitiers, soit la moitié environ des facultés de France, qui soient pourvues d'un cours d'enseignement colonial.

Cet enseignement, très goûté des étudiants, ne tardera pas à gagner les autres facultés. Le nombre de sujets coloniaux traités à l'examen du doctorat atteint actuellement le quart du total des thèses.

Cette faveur publique s'explique par l'attrait qu'inspire l'étude nouvelle. Le droit colonial ouvre en effet un champ immense où l'on peut se mouvoir à l'aise hors des sentiers battus.

Une chaire de géographie coloniale fut créée en 1894 à la Faculté des Lettres de Paris à laquelle fut annexé, quelques années après, un cours de géographie et de colonisation de l'Afrique du Nord.

Sur l'initiative et grâce à la générosité de l'Union coloniale, des cours libres de géographie et d'histoire coloniales furent ouverts en 1903 à la Sorbonne.

Des cours similaires firent leur apparition à la même époque dans diverses facultés de province.

A Lyon l'enseignement porta sur l'histoire et la géographie coloniales et sur les institutions d'Extrême-Orient ; à Bordeaux, sur la géographie économique coloniale.

Le collège de France ouvrit, en 1894, une chaire de sociologie et de sociographie musulmanes.

Un cours de civilisation d'Extrême-Orient fonctionne à la Sorbonne depuis quelques années.

L'ethnologie coloniale est enseignée au Muséum d'histoire naturelle de Paris.

Des cours d'arabe, de malais, de malgache, d'hindoustani, de cambodgien, de siamois, de langues soudanaises et des cours complémentaires d'histoire, de géographie et de législation de l'Extrême-Orient sont professés à l'École des langues orientales.

La généreuse initiative de l'État, des gouverneurs coloniaux, des Chambres de Commerce et de quelques particuliers, a permis de créer au Muséum d'histoire naturelle une chaire d'histoire naturelle des colonies françaises où la géologie, la faune, la flore et les races de nos possessions lointaines sont enseignées dans un esprit très scientifique.

Une large place a été faite dans cet enseignement aux productions utiles de toute nature.

Grâce à une subvention votée par la municipalité de Marseille, l'École de médecine de cette ville inaugura, en 1899, les cinq cours coloniaux suivants : 1° Clinique des maladies coloniales ; 2° Pathologie exotique et bactériologie ; 3° Histoire naturelle et parasitologie coloniales ; 4° Hygiène, épidémiologie, climatologie exotiques ; 5° Bromatologie, matières médicales exotiques.

L'enseignement colonial médical est spécialement donné dans les Instituts de médecine coloniale de Paris et de Bordeaux et à l'École d'application du Service de Santé des troupes coloniales de Marseille, qui seront décrits au chapitre des écoles techniques.

Il serait trop long d'énumérer les conférences organisées chaque année par les soins des sociétés coloniales françaises ; mais il convient de signaler l'initiative éclairée et l'activité déployée par l'Union Coloniale Française dans le but de diffuser les hautes connaissances coloniales.

De 1896 à 1906, cette Société, qui compte aujourd'hui plus de 13.000 membres, a organisé près de 500 conférences dans Paris et plusieurs autres conférences dans chacune des principales villes de France. La propagande de l'Union Coloniale se fait encore par la publication de notices et ouvrages sur l'éducation coloniale, le peuplement des colonies, l'hygiène, la médecine, les productions coloniales et par un bulletin bi-mensuel, la *Quinzaine coloniale*, qui est l'organe de la Société.

Enseignement colonial libre.— Sous ce titre, M. le professeur R. Blanchard, directeur de l'Institut de médecine coloniale de Paris, a fondé, en 1901, un enseignement d'un caractère tout nouveau, destiné à répandre dans les classes éclairées de la société les connaissances scientifiques relatives aux colonies et aux pays de protectorat ou d'influence française, et à faire la propagande la plus active et la plus efficace en faveur de l'idée coloniale.

Chaque hiver, une série de dix à quinze conférences publiques et gratuites est faite sur une colonie déterminée, par les hommes les plus compétents et les plus autorisés, tant à cause de leurs explorations que de leurs études techniques : chacun parle de ce qu'il sait, de ce qu'il a vu, de ce qui fait l'objet de ses recherches scientifiques.

Cette création a trouvé aussitôt l'accueil le plus encourageant, aussi bien auprès du public qu'auprès des savants au concours gratuit et désintéressé desquels il était fait appel. Divers établissements mirent leurs locaux à la disposition de l'Enseignement colonial libre et diverses grandes sociétés d'études coloniales prirent à leur charge les frais d'ailleurs minimes de cet enseignement nouveau, créé par un concours de bonnes volontés, mais dépourvu de toute allocation budgétaire. D'emblée, le succès fut considérable ; il ne s'est pas démenti depuis lors.

En 1901, eurent lieu au Muséum d'histoire naturelle quatorze conférences sur Madagascar. Les frais en furent payés par l'Union Coloniale et par le Comité de Madagascar. On débuta avec 250 auditeurs ; dès la troisième séance, le nombre s'élevait à 500 ; il oscilla ensuite entre 500 et 550.

En 1902, on fit au Muséum, avec le concours financier de l'Union Coloniale, treize conférences sur la Tunisie.

En 1905, dans la salle de l'Alliance Française (ancienne Académie de Médecine) et grâce à une subvention du Comité du Maroc, eurent lieu dix conférences dont quelques-unes ont été publiées dans le *Bulletin du Comité du Maroc*.

Cette même année 1905, fut constitué un Comité de patronage dont la composition se trouvait indiquée sur la grande affiche placée sous cadre qui figurait à l'Exposition coloniale de Marseille.

En 1906, dans le même local, et grâce à une subvention du Comité de l'Asie Française, treize conférences furent données sur l'Indo-Chine (1re série : Cochinchine et Cambodge). La plupart de ces conférences seront publiées dans le *Bulletin du Comité de l'Asie Française :* quelques-unes y ont déjà paru.

En 1907, auront lieu quatorze à quinze conférences sur l'Indo-Chine (2e série : Annam et Tonkin) ; le programme en est déjà arrêté. Les années suivantes, on passera successivement en revue les autres colonies françaises, toujours d'après le même programme général dont quatre années de succès ont démontré l'utilité.

A l'Enseignement colonial libre se rapportent divers documents qui se trouvaient exposés avec ceux de l'Institut de Médecine coloniale de Paris, c'est-à-dire dans l'exposition personnelle de M. Blanchard.

1° *Madagascar au début du XXe siècle.* Un volume grand in-8° de VII-465 pages, avec un portrait et une carte hors texte et 251 figures dans le texte. Ce volume contient les quatorze conférences faites en 1901 : il a été publié par les soins et sous la direction de M. Blanchard.

2° *La Tunisie au début du XXe siècle.* Un volume de IX-378 pages avec 118 figures dans le texte. — Conférences de l'année 1902 ; volume publié dans les mêmes conditions que le précédent.

3° Affiche générale des conférences de l'année 1906.

4° Divers spécimens des certificats d'assiduité délivrés gratuitement aux auditeurs. — L'utilité d'un tel certificat est démontrée par ce fait qu'il a permis au Comité de Madagascar d'établir une sélection parmi les très nombreuses personnes qui venaient solliciter un emploi.

5° Divers spécimens des cartes d'entrée aux conférences ; on y pourra voir le programme entier des conférences faites jusqu'à ce jour.

L'élévation et l'heureuse élasticité du programme de l'Enseignement colonial libre, la qualité des auditeurs auxquels il s'adresse, la valeur scientifique des conférenciers, tout concourt à en faire un très puissant moyen de diffusion des connaissances relatives à nos colonies.

§ 2. — *Muséum d'Histoire naturelle de Paris*

Le Muséum d'Histoire naturelle de Paris, dont l'autorité est si grande et l'action si féconde dans toutes les branches des sciences naturelles, ne pouvait rester étranger aux questions coloniales qui sollicitent en ce moment l'attention des savants.

Par ses innombrables collections classées avec une méthode des plus rigoureuses et ses nombreux laboratoires pourvus de l'outillage le plus complet ; par le talent incontesté des maîtres qui s'y livrent aux recherches scientifiques les plus subtiles, cette institution était appelée à jouer un rôle prépondérant dans les découvertes de tous ordres que l'exploitation de nos colonies devait permettre de faire.

Le Muséum est outillé d'une façon complète pour l'étude scientifique approfondie des produits naturels animaux, végétaux, minéraux, en ce qui concerne leur classification et leurs propriétés générales. Ses collections séculaires, son puissant outillage mis à la disposition de notre empire colonial permettront de déterminer, de classer, de connaître exactement les richesses et les produits de chacune de nos possessions.

C'est en 1899 que, sur l'initiative de son directeur, M. Milne-Edwards, le Muséum résolut de mettre ses grandes ressources au service de la cause coloniale.

Un vaste terrain situé à Nogent-sur-Marne, sur la lisière du bois de Vincennes, cédé au Muséum par la Ville de Paris pour lui permettre de donner plus d'extension à ses services de botanique et de cultures, fut affecté à la création d'un jardin colonial.

Par une collaboration étroite et féconde et la coordination de leurs moyens d'action, le Muséum et le Jardin colonial devaient apporter à la mise en valeur de nos colonies un concours des plus précieux.

Le décret du 8 septembre 1905, en précisant les attributions respectives de ces deux institutions, assura la cohésion de leurs efforts qui risquaient de rester stériles dans l'isolement.

En communication constante avec les gouverneurs et les chefs des divers services coloniaux, le Muséum est devenu le conseil scientifique officiel du département des colonies. Il est chargé, à ce titre, de l'examen scientifique des matières premières et des matériaux d'origine végétale, animale ou minérale, ainsi que des organismes pathogènes provenant des colonies françaises, pour la détermination, le classement et l'étude théorique de leurs propriétés générales. Les établissements scientifiques établis en province et relevant du ministère des Colonies, peuvent, de leur côté, demander directement au ministre les éléments de travaux dont ils ont besoin.

En s'appuyant sur les notions théoriques acquises au Muséum, le Jardin colonial peut facilement mener à bien l'étude des produits naturels coloniaux, faite non plus au point de vue de leurs propriétés générales, mais au point de vue de leur utilisation par l'agriculture, le commerce et l'industrie.

Le laboratoire colonial du Muséum a été institué en 1900 à la suite d'une délibération de l'assemblée des professeurs pour être l'organe commun reliant les deux établissements.

Ce laboratoire centralise tous les envois d'ordre scientifique, ainsi que toutes les demandes de même nature émanant des colonies françaises. Le Muséum lui communique les résultats de ses recherches théoriques pouvant être utilisés par les services agricoles commerciaux et industriels des colonies ; et réciproquement, le Jardin colonial lui fait part des résultats de ses études pouvant intéresser la science pure.

Lorsque les archives et les collections du laboratoire colonial du Muséum, classées suivant un ordre géographique, auront été définitivement créées, il sera possible de répondre immédiatement à toutes les demandes de renseignements, soit théoriques, soit pratiques, sur la flore, la faune, la constitution géologique ou la nosologie parasitaire d'un point quelconque de notre domaine colonial. Le planteur, l'éleveur, le commerçant, l'industriel, le médecin, y trouveront toutes les indications utiles pour l'exploitation des richesses naturelles de nos possessions, pour la recherche des moyens de les augmenter, pour l'acclimatation ou le croisement des espèces et des races, pour la lutte raisonnée contre les organismes nuisibles qui s'attaquent à l'homme, aux animaux et aux végétaux. Le fonctionnaire lui-même puisera, dans les études d'anthropologie qui pourront y être faites, une connaissance plus précise du caractère et des mœurs des races humaines avec lesquelles il sera en contact.

Ces collections scientifiques donneront aux savants du laboratoire les éléments nécessaires à des publications systématiques propres à chaque colonie. Ces publications pourront être soit des ouvrages élémentaires de vulgarisation, soit des monographies complètes.

L'Institut colonial de Marseille, celui de Bordeaux et l'Institut de médecine coloniale de Paris trouveront, au même titre que le Jardin Colonial de Nogent, dans cette organisation, un appui et une centralisation qui leur manquent.

Les collections de chacun de ces établissements s'enrichiront par suite des échanges fructueux que facilitera le laboratoire colonial.

Cet accord pourrait être consacré par la publication d'un périodique qui grouperait les travaux de ces différents centres d'études et serait les annales scientifiques de l'effort colonial français.

Tous ces travaux auront pour résultat de favoriser le développement de l'enseignement scientifique colonial,

Déjà le Muséum, sous la direction de M. Perrier, et avec le concours des Professeurs de cet établissement, a organisé une série de conférences pratiques sur les questions coloniales ressortissant des diverses branches des sciences naturelles.

Voyons maintenant l'œuvre accomplie par le laboratoire colonial depuis sa fondation récente et les artisans de cette œuvre.

Le personnel du laboratoire comprend : Un directeur, chargé en outre des questions de bactériologie, M. Achalme ; un adjoint au directeur pour les recherches de bactériologie, Mme Phisalix ; trois chefs de service : M. Dubard (botanique), M. Surcouf (zoologie), M. de Romeu (minéralogie) ; un préparateur, un commis et quatre attachés bénévoles M. Gréhant (zoologiste), MM. Cailleux, Cayla, Guillaumin (botanistes).

Ce personnel a été nommé le 14 octobre 1905, mais par suite des aménagements nécessaires dans les locaux mis à sa disposition par le Muséum d'Histoire naturelle, il n'a pu fonctionner régulièrement qu'à partir d'avril 1906.

C'est donc l'œuvre de six mois qu'il présente aujourd'hui et encore le service de botanique est le seul qui n'ait, pendant cette période, subi aucune interruption. Aussi le bilan de ses travaux est-il le plus considérable et fait le plus grand honneur à l'activité de son chef M. Dubard, maître de conférences de botanique coloniale à la Sorbonne.

Service botanique (travaux du 1er novembre 1905 au 1er novembre 1906). — Publications de M. Dubard faites par divers journaux scientifiques de Paris : 1° « Népenthacées de Madagascar et de la Nouvelle-Calédonie » ; 2° « Origine de l'arachide » ; 3° « Observations relatives à la morphologie des bulbilles » ; 4° « Le genre Mascarenhasia », (quatre publications) ; 5° « Étude sur le Boulouba, plante textile du Tanganiyka » ; 6° « Le Kapok » ; 7° « Les cafés sans caféine » (trois espèces nouvelles) ; 8° « Note sur certains ricins cultivés en Abyssinie » ; 9° « Ricins à huile et ricins ornementaux » ; 10° « Variétés de Ficus elastica » ; 11° « Formation de bulbilles chez le Coleus Daza, plante alimentaire du Congo » ; 12° « Le caoutchouc en Indo-Chine » ; 13° « La brousse à Intisy à Madagascar » ; 14° « Étude rationnelle des Préfloraisons » ; 15° « Analyse critique des thèses de botanique présentées en 1904-1905 » ; 16° « Étude critique du genre Néocalédonien, Oxera » ; 17° « Une espèce nouvelle de Coffea (C. Augagneuri) de la Montagne d'Ambre à Madagascar » ; 18° « Le Guinsi, graminée alimentaire de l'Afrique tropicale » ; 19° « Culture de Ricin et extraction de l'huile au Tonkin » ; 20° « Rapport au Congrès colonial de Marseille (classe des Cultures vivrières) ».

Outre les recherches qui ont donné lieu aux publications précédentes et qui ont été poursuivies au Laboratoire colonial, le Service botanique a dû répondre à des demandes de renseignements émanant de l'Institut colonial de Marseille, de l'Office colonial, du Jardin colonial de Nogent, et de nombreux particuliers.

Parmi les conférences coloniales du Muséum, le chef du Service botanique s'est chargé de traiter la question de l'origine botanique du caoutchouc en Indo-Chine. Il a été désigné comme rapporteur de la sous-section des cultures vivrières au Congrès colonial de Marseille.

Des demandes d'échantillons ont été adressées par le Service botanique à diverses colonies, notamment à Madagascar, à la Réunion, au Gouverneur général de l'Afrique Occidentale.

M. Dubard doit publier, en collaboration avec M. Eberhardt, diverses études sur la « Badiane », le « Cardamome », le « Ricin » et autres plantes de l'Indo-Chine.

Le Laboratoire colonial participe largement à l'élaboration de la flore d'Indo-Chine dont la rédaction vient d'être décidée.

Travaux projetés. — « Etude systématique des cotonniers africains » ; « Contributions à la flore forestière de Madagascar » ; « Revue systématique des productions coloniales groupées par familles naturelles ». Ce travail considérable sera la mise au point définitive des leçons de botanique coloniale faites à la Sorbonne par M. Dubard. — « Etude sur l'acclimatation de certaines essences forestières en France » ; « Applications des données embryologiques et anatomiques à la classification végétale ».

Fiches bibliographiques. — Tous les périodiques français renfermant des renseignements sur les productions coloniales, ont été dépouillés dans ces six derniers mois et réduits en fiches bibliographiques.

Service de zoologie. — Organisé par M. Seurat, auteur d'importants travaux de malacologie marine, actuellement dirigé par

M. Surcouf, ce service a porté ses recherches sur les insectes buveurs de sang, particulièrement sur la vaste famille des Tabanides.

Le British Muséum, qui a fourni les moyens d'éditer en couleurs la reproduction de plus de cent cinquante espèces d'insectes, le Musée de Bruxelles, qui a envoyé la collection complète de ses mouches piquantes pour y être étudiées et déterminées, ont prêté au Laboratoire colonial un concours très précieux.

Les travaux du Service de zoologie ont fait connaître, depuis le mois de juin 1906 : 1° « Les Diptères piqueurs provenant de l'Afrique Occidentale » et communiqués par MM. les docteurs Laveran et Cambours ; 2° « Le Tabanus » ; 3° « De nouvelles espèces de Tahanides » ; 4° « Deux Hœmatopota nouveaux » ; 5° « Les Diptères parasitant les cadavres de Courrières » ; 6° « Une larve de Dermestes trouvée sur un fœtus desséché » ; 7° « Les Diptères recueillis par la mission Chevalier dans la région du Chari-Tchad ».

Ce service a également commencé la monographie des Tabanides d'Afrique qui représentera la description de plus de six cents espèces avec tables dichotomiques, cartes d'habitat et la reproduction en planches coloriées de cent cinquante espèces. Le British-Muséum a pris à sa charge les frais de la confection des planches en couleurs.

Service de minéralogie. — Par suite d'une longue maladie de son chef M. de Romeu, ce service n'a pu commencer ses travaux qu'au mois de septembre 1906 ; mais depuis cette époque, les consultations et les demandes de détermination se font chaque jour plus nombreuses. Dans nulle autre branche des sciences, en effet, la théorie n'est plus inséparable des sanctions pratiques, et les nombreux explorateurs et prospecteurs, que tente la découverte des richesses minérales de nos colonies, ont déjà compris que ce service constituera une source de documentation absolument unique aussitôt que sera terminé le travail de repérage géographique par fiches des riches collections de minéralogie, de géologie et de paléontologie du Muséum.

Malgré le court espace de temps de fonctionnement du service de minéralogie, les travaux suivants ont pu y être effectués ou mis en œuvre : 1° « Détermination de minéraux et de roches provenant des environs de Dakar » ; 2° « Analyse chimique d'un phosphate du Sénégal » ; 3° « Etude d'échantillons géologiques recueillis sur le chemin de fer de la Guinée » ; 4° « Etude d'échantillons géologiques recueillis sur le chemin de fer de la Côte-d'Ivoire » ; 5° « Etude d'échantillons géologiques provenant de la Guinée » ; 6° « Détermination de roche provenant du volcan des Mamelles, près Dakar » ; 7° « Détermination de roches recueillies aux Iles de Los » ; 8° « Analyse chimique d'échantillons de graphite » ; 9° « Etude de minéraux et de roches du Congo. »

De nombreux renseignements et consultations sont donnés chaque jour aux visiteurs coloniaux, aux voyageurs et explorateurs.

Service de bactériologie. — En raison même de la nature de ses recherches, le service de bactériologie ne pouvait espérer une organisation aussi rapide.

Ne pouvant trouver d'aliment dans les collections du Muséum, il était nécessaire, pour obtenir des documents, de donner à un certain nombre de correspondants l'éducation minutieuse nécessaire pour recueillir, dans des conditions en rendant l'utilisation possible, des matériaux pour l'étude des maladies de l'homme et des animaux ainsi que des fermentations.

Déjà les envois reçus ont permis de mettre à l'étude des questions intéressantes telles que celles du rôle des microbes dans la coagulation et les altérations du caoutchouc, l'étude des organismes concourant à la fabrication du vin de palme, etc.

Mais, ainsi que l'a développé dans un rapport-programme au Congrès colonial de Marseille, le directeur du Laboratoire chargé plus spécialement de ce service, tous ses efforts tendent principalement à grouper et à étudier tous les documents ayant trait aux grandes épizooties tropicales.

Pour cela, il s'est mis en rapport avec nombre de vétérinaires coloniaux français et étrangers ; et, par la superposition étroite des recherches entomologiques et microbiologiques, le Laboratoire colonial sera à même d'étudier complètement tous les matériaux reçus.

Les observations anatomo-pathologiques sur les animaux de la ménagerie du Muséum et l'examen du sang à leur arrivée ont fourni déjà des documents pour des études portant sur les parasites microscopiques communs et analogues chez l'homme et les animaux, et pourront concourir à élucider la question si importante des réservoirs de virus.

Les recherches d'hygiène ont retenu également l'attention de ce Service et de nombreuses analyses bactériologiques ont été faites pour une étude comparée de l'action des procédés chimiques de stérilisation des eaux potables.

Ce mode est en effet le seul pratique pour les explorateurs ou les colons isolés et des résultats très intéressants ont été obtenus.

En outre, le directeur de ce Service a été chargé de la rédaction d'une partie importante de l'Etiologie spéciale des maladies dans le Traité d'hygiène de M. Brouardel, ce qui lui a permis de mettre au point certaines questions de pathologie essentiellement coloniale, tels que les filarions et les diverses maladies cutanées exotiques.

L'adjonction à ce Service de Mme Phisalix permettra au Laboratoire de poursuivre ces recherches si intéressantes pour la thérapeutique coloniale.

En résumé, pendant le court espace de temps écoulé depuis sa constitution nouvelle, le Laboratoire colonial a pu se pénétrer des nombreux besoins auxquels il répondait.

L'accueil sympathique que lui a fait le monde colonial prouve que cette création venait à son heure et fait bien augurer du développement progressif de ses divers services.

Un recueil des mémoires les plus importants sur les sciences pures ou appliquées intéressant les colonies serait un puissant stimulant au mouvement scientifique colonial dans toutes les branches des sciences naturelles, et le Laboratoire colonial est prêt à prendre l'initiative d'une telle publication, dès que les moyens lui en seront fournis.

Malgré sa création récente, le Laboratoire colonial est devenu le point d'attache d'un grand nombre d'explorateurs, officiels ou amateurs.

Il a pu donner aux nouveaux venus ou leur faire donner par les Services du Muséum une éducation technique suffisante pour leur permettre de recueillir ou de conserver des matériaux d'étude dans les meilleures conditions.

Dans ce but des notes indicatives ont été rédigées et leur ont été distribuées; le matériel nécessaire a été mis à leur disposition et des indications leur ont été données sur les points les plus intéressants concernant les régions qu'ils étaient appelés à parcourir. De cette manière plus de vingt collaborateurs (officiers, administrateurs, instituteurs, etc.) ont été recrutés, dont les services désintéressés viendront accroître les richesses des collections coloniales, sans grever en rien le budget des colonies ou de la Métropole.

Nous sommes certains que la semence ainsi jetée donnera dès l'an prochain de belles récoltes.

Telle est l'œuvre du Laboratoire colonial pendant ses quelques mois d'existence. Ses débuts sont à la hauteur des espérances que sa création avait fait concevoir.

Mais, avec ses cadres complétés et renforcés de bonnes volontés sans cesse plus nombreuses, il pourra faire encore mieux en 1907; car chaque jour lui donne une expérience plus complète des choses coloniales et une connaissance plus approfondie de l'incomparable instrument de travail que constitue le Muséum, et dont la valeur est doublée par la bienveillance de son directeur et des titulaires de ses différents services.

§ 3. — Les Instituts coloniaux.

Institut colonial de Marseille. — L'Institut colonial de Marseille, fondé par M. Heckel, en 1900, comprend : 1° les cours didactiques, professés à la Chambre de Commerce ; 2° le Musée colonial et ses annexes, la bibliothèque et le laboratoire de recherches ; 3° le Jardin colonial.

Cours coloniaux. — Ces cours, subventionnés par la Chambre de Commerce, ont lieu dans une salle spéciale du Palais de la Bourse. Ils traitent les matières suivantes :

Marchandises et produits coloniaux minéraux (professeur M. Laurent, docteur ès sciences, préparateur à la Faculté des Sciences) ;

Marchandises et produits coloniaux végétaux (professeur : M. Jumelle, professeur à la Faculté des Sciences);

Marchandises et produits coloniaux animaux (professeur : M. Jacob de Cordemoy, chef de travaux pratiques à la Faculté des Sciences, chargé de cours à l'École de médecine et de pharmacie);

Histoire du commerce et de la colonisation (professeur : M. Masson, professeur à l'Université d'Aix-Marseille) ;

Géographie coloniale (professeur : M. Masson) ;

Économie et législation coloniales (professeur : M. Babled, professeur à la Faculté de droit d'Aix) ;

Hygiène, climatologie et épidémiologie coloniales (professeur : M. le docteur Raynaud, médecin en chef du corps de santé des colonies en retraite, professeur à l'École de médecine).

Il existe, en outre, une conférence de travaux pratiques d'agriculture coloniale confiée à M. Davin, chef de culture du jardin botanique du Parc Borély.

Les professeurs de l'Institut, disposant des abondantes et belles collections du Musée colonial et du Jardin botanique peuvent donner un enseignement très fructueux.

Leurs leçons sont souvent agrémentées de projections lumineuses qui font dérouler sous les yeux des auditeurs les diverses phases naturelles et les transformations industrielles des produits étudiés; les paysages, les constructions, les instruments de travail et les objets divers en usage dans les colonies.

Ces cours sont suivis par le public et par les élèves de la section coloniale de l'École de Commerce qui subissent des examens trimestriels et semestriels sur les matières traitées pendant l'année.

Les élèves qui ont obtenu 65 o/o du total des points que l'on peut obtenir pendant le cours de la scolarité reçoivent, à leur sortie, un diplôme supérieur délivré par M. le Ministre du Commerce. Un certificat d'études est accordé aux élèves non pourvus du diplôme supérieur, s'ils ont obtenu au moins 55 o/o du total des points que l'on peut obtenir pendant le cours de la scolarité.

Musée colonial. — Le Musée colonial, créé en 1893, avec les collections personnelles de M. Heckel, est à la fois un organe d'enseignement et un centre d'études et de recherches.

Il a pour objet de faire « le bilan des richesses naturelles coloniales, de les mettre en évidence dans des collections méthodiquement et géographiquement classées, de les étudier et de les faire connaître dans une publication périodique, qui leur permette de prendre place dans le commerce et l'industrie de la métropole ».

Inauguré par M. Mesureur, ministre du Commerce, en février 1896, le Musée occupe actuellement le deuxième étage de l'immeuble affecté au Service colonial situé boulevard des Dames, n° 63.

Le local est composé de trois pièces : la salle d'exposition, la bibliothèque et le laboratoire.

Salle d'exposition. — Cette vaste pièce contient les produits coloniaux des trois règnes de la nature rangés par pays d'origine dans des
vitrines : les unes verticales appliquées contre le mur ; les autres horizontales placées sur plusieurs rangs parallèles au milieu de la salle.
Au dessous de celles-ci sont placés de grands cartons contenant les
herbiers.

Les grosses pièces de géologie et de minéralogie, les objets ou
produits volumineux : manteaux, parasols, armes, costumes, canots,
mannequins, instruments de musique, billots de bois sont rangés
dans les espaces demeurés libres, le long des murs, dans les embra-
sures des fenêtres, dans les couloirs, dans l'escalier, ou sont suspendus
au plafond.

Le classement des produits s'effectue d'une façon si méthodique,
qu'il suffit de jeter un coup d'œil sur une vitrine pour voir tous les
produits présentant un intérêt scientifique ou économique d'une
colonie, les diverses manipulations industrielles ou les applications
de chacun de ces produits.

Une graine grasse est toujours accompagnée des corps, des acides
gras de distillation et de saponification, de la glycérine, des bougies
et des savons qu'elle peut donner. A côté d'un produit médicinal se
trouvent les alcaloïdes, les glucosides et les principes actifs divers
qui entrent dans sa composition. Il en est de même d'un produit
féculent qu'on ne voit jamais sans sa fécule et ses principes nutritifs ;
d'une écorce, d'une racine ou d'une feuille colorante qu'accompagne
toujours un acide tannique ou gallique.

Les pièces de bois susceptibles d'être utilisées par la menuiserie
ou l'ébénisterie sont présentées sous trois aspects différents : 1° état
brut ; 2° section brute, polie ; 3° section vernie. Le Musée est largement approvisionné par les fréquents arrivages de produits et objets
provenant de toutes nos possessions lointaines.

Ses nombreux correspondants : médecins, pharmaciens, administrateurs, officiers, agriculteurs, industriels ou commerçants disséminés dans ces pays lui permettent de compléter ou de renouveler
chaque jour ses collections.

Celles-ci, rigoureusement classées et déterminées, portent des
étiquettes très apparentes, indiquant le nom indigène, le lieu d'origine, le nom scientifique et l'emploi.

Le classement de ces collections est confié au zèle éclairé et désintéressé de M. Eberlin, conservateur au Musée, et au dévoué gardien M. Jalabert.

Bibliothèque. — Servant de cabinet de travail aux professeurs de l'Institut, la bibliothèque possède de précieuses collections de dossiers relatifs à toutes les questions touchant de près ou de loin à la colonisation ; des monographies de produits, des cartes géographiques classées méthodiquement dans un meuble spécial, des photographies de nos principales colonies et des portraits de nos colonisateurs. Elle reçoit un grand nombre de publications coloniales périodiques officielles ou privées.

Laboratoire. — Cette pièce est affectée à la manipulation et au classement des produits, aux recherches microscopiques ou physico-chimiques touchant leur composition.

Ces travaux ne sont que l'ébauche d'expériences plus délicates poursuivies dans les laboratoires de chimie de la Faculté des Sciences, de l'École de médecine et dans certains laboratoires industriels. Une foule de produits coloniaux, après avoir été étudiés dans le laboratoire de l'Institut, ont été livrés à l'industrie qui en a tiré un parti très utile.

Depuis les travaux de M. Heckel sur les graines grasses des pays chauds, celles-ci entrent dans la fabrication des produits de la savonnerie et de la stéarinerie marseillaises.

C'est au laboratoire de l'Institut colonial que s'adressent la Chambre de Commerce, le Service des Douanes, le Tribunal de Commerce, les commerçants et les industriels pour être fixés sur la valeur industrielle ou vénale des produits exotiques peu connus. Possédant des ressources suffisantes, soit comme collections de produits coloniaux français, soit comme produits étrangers servant de types de comparaison, soit comme documents bibliographiques, le Musée colonial peut donner des réponses satisfaisantes aux nombreuses demandes qui lui sont adressées.

Jardin botanique colonial. — Le jardin colonial dépendant du Jardin botanique municipal du Parc Borély dirigé par M. Heckel, est également un précieux instrument d'études. Il se compose de divers organes : le champ d'expérience, les serres chaudes, le laboratoire, la bibliothèque botanique, la salle de recherches chimiques qui concourent à l'étude des plantes peu connues des colonies.

Annales. — Les travaux de l'Institut sont publiés chaque année dans un volume de 500 pages avec planches, figures ou cartes en noir ou en couleur (Protat, Mâcon, imprimeur).

Cette publication, tirée à 300 exemplaires, est adressée à titre d'échange aux universités françaises et aux centres d'études coloniales du monde entier.

Les travaux insérés dans les Annales depuis leur fondation sont :

Première année, 1893. — « Les kolas africains » (Dr Heckel).

1894. — « Dans la Haute-Gambie » (Dr Rançon).

1895. — « Contribution à l'étude du *Robinia Nicou* Aublet » (Geoffroy, pharmacien des colonies).

1896. — « Flore phanérogamique des Antilles » (Dr Heckel).

1897. — « Mission à la Martinique et à la Guyane » (Geoffroy) ; « Plantes médicinales et toxiques de la Guyane française » (Dr Heckel); « Recherches sur les graines grasses nouvelles ou peu connues des colonies françaises » (Dr Heckel) ; « Étude sur un Strophantus du Congo français » (Schlagdenhauffen et Planchon) ; « L'Erouma de la Nouvelle-Calédonie et son produit résineux » (Jumelle); « Le Bois piquant de la Guyane et son écorce fébrifuge » (Drs Heckel et Schlagdenhauffen) ; « Les Murraya Kœnigü et exotica (Dr Laborde).

1898. — « Les Plantes à caoutchouc et à gutta » (Jumelle).

1899. — « Le Cacaoyer, sa culture et son exploitation dans les pays de production » (Jumelle).

1900. — « Le Tabac » (Laurent).

1901. — « Les Soies dans l'Extrême-Orient et dans les colonies françaises » (de Cordemoy) ; « L'Or dans les colonies françaises » (Laurent).

1902. — « Un Voyage scientifique à travers l'Afrique Occidentale » (Chevalier).

1903. — « L'Exposition de Hanoï « (Gaffarel).

1904. — « Recherches anatomiques sur la fleur du Tanghin du Menabé » (Dop) ; « L'Ile de la Réunion » (de Cordemoy) ; « Nouveau Copal et nouveau Kino » (Heckel, de Cordemoy et Schlagdenhauffen); « La race man » (capitaine Maire).

1905. — « Madagascar en 1756 » (Bernard) ; « Étude du Sablier » (Gilles) ; « L'Eperua falcata » (Courchet) ; « Le Kirondro » (Courchet) ; « Le Voanpiro ou Moranda » (Decrock et Schlagdenhauffen) ;

« Morphologie générale et étude anatomique de la larve d'Io Irene » (Dr Bordas).

Nouvel Institut colonial marseillais. — L'importance des travaux de l'Institut colonial, la richesse et le nombre des collections réunies dans le Musée, méritaient depuis longtemps un local plus spacieux et plus confortable que celui du boulevard des Dames. Sur l'initiative de M. Heckel, la municipalité marseillaise, en juin 1898, émit un vœu en faveur de la construction d'un Musée-Institut au quartier Saint-Charles et d'une grande serre au Jardin botanique. Le nouvel Institut devait contenir quatre grandes salles de collections, des laboratoires de recherches, un amphithéâtre pour les cours, une bibliothèque, une salle de cartes et une salle de lecture.

Ce projet sommeille encore dans les cartons de la mairie. Un nouveau projet d'Institut colonial a surgi dernièrement à l'occasion de l'Exposition coloniale.

Celle-ci était à peine ouverte qu'on se demandait déjà ce que deviendraient, après sa fermeture, les riches collections qu'elle contenait. L'Institut colonial de Marseille était tout indiqué pour recevoir cet important héritage. Mais il fallait donner à cette institution une organisation plus étendue, agrandir son champ d'activité, la doter de puissants moyens d'action et l'installer dans un vaste local.

Après avoir consulté les coloniaux venus à Marseille pour organiser l'Exposition, la Chambre de Commerce de cette ville, sur l'initiative de son président, M. Desbief, décida de créer sous son patronage une association ayant pour but « l'étude, la défense et le développement des intérêts généraux de la colonisation française et spécialement l'extension des rapports de la région marseillaise avec nos colonies ».

L'association nouvelle, dont les statuts ont été rédigés par M. Adrien Artaud, membre de la Chambre de Commerce et auteur de plusieurs ouvrages très estimés sur le commerce marseillais, « se propose de recueillir et de centraliser tous les documents utiles, de rechercher les principes à observer et les méthodes à appliquer, d'examiner et de provoquer toutes mesures d'ordre législatif, administratif et économique qui lui paraîtront de nature à favoriser les intérêts que mettent en jeu les rapports de la métropole avec les colonies. »

En outre, elle s'appliquera à vulgariser dans la région marseillaise les notions coloniales et à favoriser l'émigration vers nos colonies.

Ses principaux moyens d'action sont les suivants :

1º Groupement dans un même local et sous une direction générale unique, des organisations coloniales existant déjà ou à créer, en vue d'obtenir de l'ensemble de ces services une meilleure et plus complète utilisation ;

2º Concours au développement du Musée colonial transféré dans le local de l'Institut colonial marseillais ;

3º Concours au développement du Jardin botanique colonial existant ;

4º Aménagement des cours coloniaux déjà fondés et organisation de cours complémentaires en cas de besoin ;

5º Constitution et aménagement d'un Musée commercial d'exportation et d'importation ;

6º Création d'un bureau de renseignements sur tous sujets coloniaux et de statistique pour tout ce qui concerne le commerce extérieur ;

7º Intervention auprès des pouvoirs publics et des diverses administrations ;

8º Toutes démarches de propagande, organisation de conférences et de publications, etc.

L'Institut est administré par un Conseil composé de vingt et un membres au moins et trente-trois membres au plus, élus au scrutin de liste, sur la proposition du Conseil, par l'Assemblée générale en sus du président et des quatre délégués de la Chambre de Commerce de Marseille.

Le Conseil choisit parmi ses membres un bureau ainsi composé : quatre vice-présidents, deux secrétaires, un trésorier, un trésorier-adjoint.

Des sections, formées dans le Conseil et présidées par un membre du bureau, dirigent les organisations existant déjà ou à créer groupées par l'Institut colonial marseillais.

Une question particulièrement difficile à résoudre était celle du local. Il fallait trouver au centre même de la ville un immeuble assez vaste pour loger les innombrables collections et les divers services de l'Institut. Le choix de la Chambre de Commerce se porta sur un des plus beaux établissements de la rue Noailles, actuellement inoccupé. Le nouvel Institut comprendra dans son installation : un rez-de-chaussée où seront logés le Musée commercial, les bureaux, une salle de conférences ; un premier étage avec le Musée colonial proprement dit ; un deuxième étage réservé à la Société de géographie et d'études coloniales. Le Jardin colonial, actuellement relégué dans une étroite bande de terre du Parc Borély, doit être transféré dans l'enceinte de l'Exposition coloniale où de grandes serres et de vastes terrains seront employés aux expériences botaniques et aux essais de cultures tropicales.

Centre d'études, de recherches et de propagande coloniales, lieu de rendez-vous de ceux qui travaillent à la prospérité de nos colonies, le nouvel Institut colonial de Marseille pourra rivaliser avec le grand « Imperial Institute » de Londres.

La propagande coloniale à l'Exposition de Marseille. — La merveilleuse cité exotique où se trouvaient rassemblés, dans un cadre grandiose et séduisant, les gens et les choses des colonies françaises, offrait un admirable champ de propagande et d'études coloniales.

Savants, professeurs, étudiants, agriculteurs, commerçants et industriels pouvaient y faire une ample moisson de connaissances coloniales.

Pour marquer sa sollicitude à l'égard de la jeunesse studieuse et la faire bénéficier de cette instructive leçon de choses, le Commissariat général avait accordé l'entrée gratuite de l'Exposition aux groupes d'élèves des écoles publiques ou libres, accompagnés de leurs professeurs.

Cette bienveillante mesure permit à de nombreuses caravanes scolaires, venues de tous les points de la France, de visiter les ravissants palais où s'étalaient, avec un art exquis, les belles collections de produits, instruments, vêtements, armes et objets de nos colonies.

A cet enseignement par l'aspect, aussi séduisant qu'utile, s'ajouta un haut enseignement donné par des professeurs et des fonctionnaires coloniaux.

De très intéressantes conférences furent faites soit dans la salle des cours coloniaux de la Chambre de Commerce, soit à la Faculté des Sciences. M. Pasquier, administrateur des services civils en Indo-Chine, parla de notre belle possession d'Extrême-Orient. M. Raquez, le hardi collectionneur des curiosités du Laos, fit connaître les productions et les habitants du pays qu'il venait de parcourir.

Marseille eut également la bonne fortune d'entendre les manda-

rins délégués à l'Exposition par les provinces cochinchinoises.
M. Vinh, de la province de Soc-Trang, et M. Nhut, de la province de
Tanan, traitèrent, dans un langage précis et élégant, l'histoire et les
mœurs du peuple annamite.

D'autres conférences furent organisées par M. Gaffarel, doyen
honoraire de la Faculté des Lettres de Dijon, professeur à l'Université
d'Aix-Marseille et secrétaire général de l'Exposition.

Ces conférences furent : les unes publiques, les autres réservées à
un auditoire restreint. Les conférences publiques furent données tous
les mardis à 5 h. 30 du soir, soit dans la grande salle des fêtes, soit au
théâtre annamite, soit dans un des cinématographes.

Les conférences restreintes furent données dans les pavillons
particuliers des colonies, tous les jeudis de 10 à 11 heures du matin.

L'Institut colonial de Marseille a exposé dans le palais du Ministère des Colonies : 1º un grand prix obtenu à l'Exposition universelle
de 1900 ; 2º de grands panneaux généalogiques de la religion de
Taoiste Man (Haut-Tonkin), don de M. le commandant Maire ; 3º une
collection entomologique coloniale due à MM. Fleutiaux et Gédéon
Foulquier ; 4º une collection de corps gras nouveaux des colonies
françaises préparée par M. Pasquier ; 5º les volumes des *Annales de
l'Institut colonial* publiés de 1893 à 1905.

Institut colonial de Nancy. — L'ancienne et belle capitale de
la Lorraine est une des villes qui ont le plus contribué à le prospérité
de notre empire lointain par le développement de leurs institutions
coloniales.

Grâce aux efforts persévérants d'un de ces hommes de science
qu'aucun obstacle ne rebute, cette cité possède une vaste organisation
scientifique coloniale, admirablement adaptée aux ressources locales
et répondant aux besoins les plus urgents de nos colonies. L'Institut
colonial de Nancy, dû à l'initiative éclairée de M. Edmond·Gain,
professeur à la Faculté des Sciences, a été fondé à l'aide d'une
subvention du gouvernement général de l'Indo-Chine.

Cette institution se propose de faire une active propagande par
les conférences et les publications périodiques et de donner un
enseignement colonial, agricole et forestier. Elle comprend : 1º un
ensemble de cours et de conférences publiques donnés par les professeurs de l'Université, de l'Ecole forestière et de l'Ecole de commerce ;

2° un bulletin semestriel qui fait connaître la marche de l'Institut et traite les questions les plus intéressantes de notre expansion coloniale ; 3° un musée commercial et colonial et un office de renseignements encore en voie de formation.

Conférences publiques. — Les conférences de l'Institut colonial nancéen offrent au public un enseignement attrayant et instructif, et permettent aux étudiants coloniaux d'ajouter à leurs connaissances techniques des notions générales d'une haute utilité. Ces conférences ont lieu régulièrement une fois par semaine, de la fin novembre à la mi-juin.

Enseignement colonial agricole et forestier. — Cette mission de propagande et de vulgarisation ne remplit qu'une faible partie de la tâche entreprise par l'Institut colonial de Nancy qui vise spécialement la préparation des futurs agronomes et agents forestiers des colonies. Cette spécialisation place l'institution coloniale nancéenne un peu en dehors des autres instituts coloniaux de France et la rapproche des écoles coloniales techniques. L'exploitation du sol doit être la première préoccupation d'une nation qui prend possession d'un pays neuf. Aussi l'agriculture coloniale figure-t-elle au premier rang dans les programmes des instituts coloniaux. L'Ecole nationale supérieure d'agriculture coloniale de Nogent-sur-Marne, les écoles pratiques de Tunis, d'Alger et celles, encore en voie de formation, dans diverses colonies ont pour but de préparer des agents supérieurs et des contre-maîtres coloniaux agricoles. Vivant sous le même toit que l'Institut agricole, l'Institut colonial de Nancy tire très habilement parti de son heureuse situation.

Conçus et organisés par M. Gain qui a fait de l'Université de Nancy un centre d'études très modernes, ces deux instituts se complètent l'un l'autre et concourent à la propagation des hautes études agricoles coloniales. La section forestière de l'Institut colonial de Nancy réalise une des conceptions les plus pratiques de la mise en valeur de notre domaine colonial. Pour préserver nos forêts tropicales de la destruction qui les menace, et tirer parti de leurs richesses par une exploitation méthodique, il faut songer à organiser dans chaque colonie un corps d'agents forestiers préparés à leur mission par un solide enseignement.

Dans les *Annales Coloniales* du 15 mars 1903, M. Gain a fait connaître les puissants motifs qui ont rendu l'enseignement colonial nécessaire. Après avoir montré les heureux résultats obtenus par l'enseignement donné dans les nombreuses écoles forestières d'Europe, et fait remarquer que ces écoles ont eu jusqu'ici presqu'exclusivement en vue l'exploitation des forêts des régions tempérées, M. Gain s'exprime ainsi sur l'utilité d'un enseignement colonial forestier :

« Dès maintenant, la pénétration des régions forestières tropicales des divers continents est un fait accompli, et leur exploitation industrielle et commerciale sera l'œuvre de demain, et mérite d'être envisagée. Les voies de transport qui sont à l'étude (chemins de fer du Cap au Caire, Transsaharien, lignes indo-chinoises, ligne de la Méditerranée aux Indes, etc.) vont permettre certainement une évolution commerciale nouvelle des produits des forêts exotiques. En matière d'agriculture et de productions tropicales, la forêt est encore la question maîtresse à l'heure actuelle. Sous les tropiques, elle est à l'affût du terrain libre pour l'envahir complètement. Elle règne sur des étendues immenses. Ses produits commerciaux sont de premier ordre et représentent un chiffre qui est peut-être supérieur encore aux chiffres fournis par les produits de la culture proprement dite. Ils semble donc qu'à côté des écoles d'agriculture coloniale il y a lieu d'organiser et d'encourager un enseignement spécial des forêts coloniales. »

Cet intéressant rapport énumère ensuite ce qui a été fait en Europe pour développer les sciences forestières coloniales et cite l'exemple de l'Angleterre qui, de 1867 à 1885, a recruté ses agents forestiers coloniaux à l'Ecole de Nancy et a créé, à l'aide d'anciens élèves de ce même établissement, une école forestière coloniale à Dhera-Dum dans le Bengale.

Voici enfin comment M. Gain décrit les divers buts de l'enseignement forestier de l'Institut colonial de Nancy : « 1º préparation à l'exploitation scientifique, commerciale et industrielle des forêts tropicales (colonisation privée) ; 2º préparation aux services forestiers coloniaux. »

Colonisation forestière privée. — «En matière de colonisation privée, il faut réaliser une préparation scientifique où se trouvent réunies des données coloniales, agronomiques, commerciales et forestières,

« La partie forestière comprend l'étude des sciences forestières et leurs applications aux forêts coloniales. L'enseignement théorique et pratique des forêts, tel qu'il est donné à Nancy, était assez apprécié en Europe, nous l'avons dit, puisque l'Angleterre a choisi l'École française pour l'instruction de ses coloniaux nationaux, alors qu'il n'existait pas à Nancy d'enseignement forestier colonial.

« L'Université de Nancy a créé cet enseignement spécial complémentaire qui vient s'ajouter à l'enseignement ordinaire de l'École forestière et à l'enseignement colonial général de la section d'études coloniales de l'Université. Nous croyons que, pour ce qui concerne la colonisation privée, il n'existe actuellement aucun enseignement forestier colonial pourvu de ressources aussi importantes appropriées et accessibles à des colons poursuivant des buts très différents.

Services forestiers coloniaux. — « Il faut aux grandes nations tropicales et aux colonies tropicales, un personnel forestier spécial, qui comprend deux parties :

« 1° Le haut personnel formé d'ingénieurs forestiers ayant reçu une haute culture ; 2° un personnel en grande partie indigène pour les fonctions subalternes. Aux colonies anglaises, l'importance du personnel indigène se développe de plus en plus. On prévoit que, dans les Indes, le corps forestier sera bientôt recruté tout entier parmi les Hindous, sauf le haut personnel. Cela tient à l'enseignement donné par l'école de Dhera-Dum. Celle-ci reçoit, en effet, des étudiants envoyés par les États indigènes.

« Pour la France, nous avons à envisager l'organisation d'un service forestier pour nos diverses colonies. D'une façon générale, le nouvel enseignement de Nancy constituera un grand progrès lorsque des documents nombreux seront réunis et centralisés avec l'aide des Directions forestières coloniales. Anciennement le nombre des forestiers métropolitains qui demandaient à être détachés aux colonies était très restreint. Désormais, tous les forestiers métropolitains qui passeront par l'École forestière de Nancy, recevront l'enseignement complémentaire des Forêts coloniales, fondé par l'Université. Le cours nouveau a été incorporé, en effet, dans l'enseignement de l'École et il est obligatoire pour les élèves de deuxième année.

« Ainsi le nouvel état de choses ne pourra que faciliter grandement le détachement du cadre métropolitain d'un certain nombre de fonctionnaires devant former le haut personnel forestier aux colonies françaises. Il ne faut pas oublier, en effet, que le problème d'organisation des services forestiers est à l'étude : en Indo-Chine, à Madagascar, dans l'Afrique Occidentale et dans l'Afrique du Nord. D'autre part, le Brésil, l'Argentine, l'Afrique Orientale allemande ont besoin de forestiers spécialistes ; nous pouvons donc espérer faire œuvre utile en fortifiant l'enseignement colonial et forestier de Nancy.

« Mais il est évident que la préparation de Nancy peut manquer de pratique coloniale. Est-ce une raison pour supposer qu'il y a lieu de créer dans une de nos colonies tropicales une École forestière tropicale française ? Nous ne le croyons pas.

« Il y a certainement à prévoir un stage tropical pour les forestiers arrivant de la métropole. Mais, ce stage peut être organisé dans chaque service forestier colonial. Il suffit d'imposer aux forestiers qui débutent dans la colonie un stage d'une année au moins ; en leur imposant, sous la direction spéciale du service central, des études réelles pratiquées sur place dans les régions forestières. On pourrait aussi les faire séjourner quelques mois à Dhera-Dum, mais le stage spécial semble dans tous les cas très recommandable.

« En ce qui concerne le stage des préposés et des agents subalternes, il peut être organisé aussi sous la direction du service central de chaque colonie. La tâche serait grandement facilitée si un certain nombre de ces agents avaient reçu à Nancy un enseignement agronomique et forestier.

« Il suffirait que chaque gouvernement général (Algérie, Indo-Chine française, Madagascar, Afrique Occidentale) entretienne, sur ses crédits, deux ou trois bourses annuelles d'études forestières et agronomiques.

« Ce serait, pour chaque colonie, une dépense de trois ou quatre mille francs, qui créerait un recrutement régulier d'agents subalternes compétents

« Après l'Indo-Chine à laquelle on doit la fondation de cet enseignement, la colonie de Madagascar entre dans cette voie à partir de cette année, et l'Algérie pourrait l'imiter en tous points.

« L'Université de Nancy, d'ailleurs, même par ses propres ressources, pourrait fournir quelques-uns de ces agents. Cette année, indépendamment des élèves forestiers de l'État, huit étudiants ont suivi le cours de forêts coloniales. Cela donnait un total de 22 auditeurs spécialistes, dont un Roumain, un Russe et un Arménien.

« La section d'Études coloniales de l'Université a eu ses cours très suivis. L'auditoire comprenait vingt étudiants immatriculés en vue du diplôme d'études coloniales, dont trois avec la mention : Forêts coloniales. Trois autres étudiants poursuivaient les mentions forestières et coloniales du diplôme d'études supérieures agronomiques sur dix-sept étudiants poursuivant ce dernier diplôme.

« Ces résultats surtout méritent d'être mentionnés parce qu'ils montrent déjà, pour la première année des essais, ce qu'on peut attendre de notre innovation nancéenne.

« Nous pouvons donc dire que l'Enseignement forestier colonial est organisé en France, à l'Ecole forestière et à l'Université de Nancy. A côté d'une préparation aux services forestiers des colonies françaises et étrangères, ou peut y trouver une préparation sur les questions d'ordre scientifique, économique ou commerciale intéressant le traitement, l'exploitation et l'industrie des bois exotiques. Les anciens élèves des cours agricoles des Universités, des Instituts agronomiques et des Ecoles nationales d'agriculture pourront venir à Nancy pour y recevoir un complément à leurs études spéciales. »

Organisation et plan d'études de l'Institut colonial de Nancy. — L'Enseignement colonial de Nancy conduit à un diplôme d'études coloniales qui peut être obtenu avec deux mentions distinctes : 1º Sciences forestières et forêts coloniales ; 2º Sciences économiques et commerciales. D'autre part, les étudiants de la Faculté des Sciences qui possèdent le diplôme d'études supérieures agronomiques, peuvent choisir la section d'études coloniales comme enseignement complémentaire à option. Les auditeurs libres peuvent être admis. La durée normale des études est de deux années. L'autorisation de se présenter au diplôme d'études coloniales, après une année d'études, peut être accordée par le président du Conseil de l'Université. Les candidats à ce diplôme doivent suivre l'enseignement colonial général et s'inscrire à l'une au moins des deux sections spéciales : Forêts coloniales ou bien Sciences économiques et commerciales.

I. — Enseignement colonial général. — L'enseignement colonial général de l'Université comprend les cours suivants : 1º Législation et Economie coloniales ; 2º Géographie et Histoire coloniales ; 3º Agronomie générale et Productions coloniales ; 4º Hygiène coloniale.

Diverses conférences coloniales complètent l'enseignement et portent sur la topographie et la construction coloniales, la prospection, la colonisation, etc. L'enseignement supérieur agronomique de la Faculté des Sciences est à la disposition des étudiants, en totalité ou en partie. En outre, des cours de langues étrangères (anglais, espagnol, russe, allemand) sont organisés à l'Université ou à l'Ecole supérieure de commerce.

II. — Forêts coloniales. — L'enseignement colonial spécial des forêts coloniales, créé par l'Université, est suivi à l'Ecole forestière comme complément des cours de Sciences forestières de cette Ecole.

Ainsi se trouve réalisée à Nancy une préparation complète : 1° aux services forestiers des grandes colonies françaises et étrangères ; 2° à l'étude des questions d'ordre scientifique, économique et commercial, intéressant le traitement, l'exploitation et l'industrie des bois des colonies.

Cet enseignement pourra convenir non seulement aux étudiants agronomes des universités, mais encore aux anciens élèves de l'Institut agronomique ou des écoles nationales d'agriculture qui se destinent à la carrière coloniale. Il pourra être recherché aussi par les étudiants français ou étrangers qui se préparent à l'administration coloniale ou à la colonisation privée.

La durée des études forestières coloniales est de une ou de deux années. Elle comprend les cours de : 1° Sciences forestières ; 2° Histoire naturelle forestière ; 3° Forêts coloniales ; 4° Droit forestier aux colonies.

Les étudiants de cette section doivent être admis comme élèves externes à l'Ecole nationale des Eaux et Forêts. Le cours de Forêts coloniales a lieu tous les ans, du 15 octobre au 15 avril.

III. — Sciences économiques et commerciales. — La durée des études est normalement de deux années.

Cet enseignement spécial conduit au diplôme d'Études coloniales mention : Sciences économiques et commerciales.

Cette mention peut être obtenue par deux voies différentes : 1° Enseignement de l'Ecole supérieure de Commerce ; 2° Enseignement de la Faculté de Droit. Les étudiants immatriculés à l'Université et qui désirent faire des études commerciales sont admis comme élèves libres à l'Ecole supérieure de Commerce de Nancy. Ils y reçoivent quatre cours spéciaux permettant de passer la troisième série des épreuves orales du diplôme d'Études coloniales de l'Université. Ces cours sont ceux de : Législation commerciale, maritime et douanière ; Commerce et Comptabilité ; Étude des marchandises, et, au choix, l'un des cours suivants : Histoire du Commerce ; outillage commercial et transports ; économie politique.

Les étudiants qui préfèrent poursuivre les études juridiques et économiques, à l'exclusion des sciences commerciales, peuvent obtenir aussi le diplôme avec la mention Sciences économiques. Ils ont alors à passer la troisième série des épreuves orales sur les matières traitées pendant une. année de scolarité à la Faculté de Droit dans les quatre cours suivants : Sciences financières, Droit commercial, Droit international, Economie politique et Histoire des Doctrines économiques.

Ces cours permettent d'obtenir par surcroît des certificats d'études juridiques, après deux semestres d'études à la Faculté de Droit.

Les anciens élèves des écoles supérieures de commerce peuvent postuler le diplôme d'Études coloniales de l'Université, après immatriculation à l'Enseignement colonial général de l'Université.

IV. — Sciences agronomiques. — Les étudiants qui désirent faire des études spéciales en vue de l'Agriculture coloniale trouveront à l'Université de Nancy un *Institut agricole* dont les cours conduisent à un diplôme d'études supérieures agronomiques. Ce diplôme peut être obtenu avec la mention « Études coloniales » et comporte un examen sur l'Enseignement colonial général de l'Université. Ces études spéciales préparent à un stage agricole aux colonies ou à l'École Nationale supérieure d'Agriculture coloniale du Jardin colonial de Nogent-sur-Marne.

But de l'Enseignement. — Suivant les études spéciales faites par l'étudiant, voici la liste des carrières auxquelles prépare l'Enseignement colonial de l'Université, en collaboration avec les grandes écoles de Nancy (école forestière, école supérieure de commerce) :

Colonisation privée, commerciale, agricole ou industrielle ; Agences coloniales, Banques, Sociétés de colonisation, Commerce international, Exploitation forestière coloniale et Industrie des bois, Services forestiers coloniaux et Services forestiers des États tropicaux, Carrières administratives de l'Administration des Douanes, des Ministères du Commerce et des Colonies, École coloniale, Emplois civils et Magistrature coloniale, Chancelleries et Consulats, École Nationale supérieure d'Agriculture coloniale et Services agricoles aux colonies, Professorat commercial, Professorat colonial, Enseignement aux colonies.

L'Institut colonial de Nancy a été représenté à l'Exposition de Marseille par : 1° Diverses photographies (laboratoire des étudiants, collections de bois des forêts tropicales, jardins des plantes de Nancy, groupes d'élèves coloniaux, etc.) ; 2° des cartes de forêts coloniales avec petites photographies donnant l'aspect des différentes forêts (zone des lianes, zone des déserts, montagnes subtropicales); 3° un spécimen de la médaille décernée par l'Institut colonial de Nancy ; 4° différentes brochures sur l'Institut et les travaux personnels de M. Gain ; 5° la collection du bulletin de l'Institut ; 6° un code de législation forestière ; 7° un plan de monument pour le Musée colonial ; 8° des cartes pour le cours de géographie de M. Gain ; 9° des affiches donnant le programme des cours et conférences ; 10° des thèses de droit colonial ; 11° un commentaire de la loi forestière algérienne et quelques ouvrages sur la politique coloniale et la colonisation.

Institut colonial de Lyon. — La grande cité industrielle et commerciale de Lyon entretient d'importantes relations d'affaires avec les colonies françaises, particulièrement avec l'Indo-Chine et Madagascar.

Plusieurs missions lyonnaises, après avoir parcouru différentes régions de notre empire colonial, ont rapporté en France de précieuses indications sur la situation économique de ces contrées lointaines.

L'enseignement colonial devait trouver à Lyon d'importants éléments d'organisation. D'excellents conférenciers pouvaient être choisis parmi les professeurs de l'Université et ceux de l'École de Commerce, ayant fait de longues études sur l'histoire, la géographie, l'agriculture, le commerce, l'industrie des colonies. Les auditeurs devaient également être nombreux dans cette ville aux vieilles traditions coloniales.

Dès l'année 1899, la Chambre de Commerce comprit la nécessité de préparer des jeunes gens aux carrières économiques coloniales. A l'exemple de la Chambre de Commerce de Marseille, qui venait de fonder les cours coloniaux et la section coloniale de l'École supérieure de Commerce à l'instigation et sur les programmes de M. le docteur Heckel, elle organisa des cours coloniaux.

S'inspirant des besoins immédiats de la région lyonnaise, elle donna à ces cours un caractère essentiellement pratique. Les professeurs devaient faire connaître les ressources agricoles, commerciales et industrielles des diverses colonies françaises et des colonies asiatiques en particulier et s'attacher spécialement à l'étude des matières premières que l'industrie lyonnaise peut utiliser, et aux débouchés ouverts dans les colonies à ces mêmes industries.

Les cours de l'Institut colonial de Lyon sont publics et ouverts à trois catégories d'auditeurs : les auditeurs libres, les élèves inscrits à deux cours, les élèves titulaires inscrits à trois cours.

Les auditeurs libres ne jouissent d'aucun avantage particulier; les auditeurs inscrits à deux cours peuvent obtenir, à la fin de la première année, un certificat qui leur donne droit à quelques leçons gratuites de langues vivantes pendant l'année suivante.

Les élèves titulaires, admis après un examen subi à la fin de la première année, obtiennent : 1º Le remboursement de leurs droits d'inscription; 2º un droit de préférence pour les leçons de langues vivantes; 3º un droit de préférence pour les présentations de la Chambre de Commerce aux divers emplois coloniaux dont elle pourrait disposer.

Ces derniers élèves sont tenus à une assiduité spéciale et subissent, au bout de deux ans, un examen pour l'obtention d'un diplôme d'études coloniales.

Les cours coloniaux donnés, soit au Palais du Commerce, soit à la Faculté des Lettres, ont pour objet les matières suivantes : Hygiène et climatologie coloniales, professeur M. Navarre; Histoire et géographie coloniales, professeur M. Zimmermann; Chinois, mœurs et coutumes d'Extrême-Orient; professeur M. Maurice Courant; Économie et Législation coloniales, professeur M. Brouilhet; Cours d'Arabe, professeur M. Ben Ali Fekar; Cultures et Productions coloniales, professeur, M. Vaney.

L'Institut Colonial, installé dans le Palais de Commerce, comprend une salle de cours et un musée.

Cet Institut a exposé dans le Grand Palais de l'Exportation, à côté des autres œuvres créées par la Chambre de Commerce lyonnaise : 1º Un grand tableau donnant les indications relatives à l'enseignement colonial; 2º des ouvrages et travaux scolaires sur la législation coloniale, les langues chinoise et arabe, l'hygiène et la climatologie coloniales; 3º les travaux de MM. Navarre, Maurice Courant et

Vaney; 4° un volume sur la mission lyonnaise en Chine, 1895-1897;
5° un volume sur l'Exposition coloniale de Lyon de 1894; 6° un
volume sur l'Exposition universelle de 1900; 7° un volume sur
la colonisation lyonnaise à l'exposition de 1900; 8° un tableau donnant
l'indication des œuvres coloniales de la Chambre de Commerce; 9° le
tableau des élèves coloniaux inscrits depuis la fondation de l'Institut.

Institut colonial de Bordeaux. — Bordeaux occupe une
situation géographique exceptionnellement favorable au commerce
colonial. Un échange très actif de marchandises s'est établi depuis
longtemps entre le grand port de la Gironde et les ports de l'Ouest
africain. Vivement intéressée au développement des colonies françaises qui fournissent un des principaux éléments de sa prospérité
commerciale, la cité bordelaise a tenu à créer une institution destinée
à répandre l'enseignement colonial et à donner tous les renseignements concernant nos possessions lointaines.

C'est en 1898 que la Société des Amis de l'Université et M. le
recteur Bizos étudièrent les moyens de fonder à Bordeaux un Institut
colonial. Des conférences furent faites le 21 mars 1899 par M. le
docteur Heckel sur les musées coloniaux, et le 18 mai 1901 par
M. Georges Blondel, sur l'enseignement colonial.

La Société philomatique et la Chambre de Commerce se joignirent
aux Amis de l'Université, pour demander à l'édilité bordelaise les
fonds nécessaires à l'établissement du Musée colonial.

La municipalité vota un crédit s'élevant à 9500 francs pour installer ce musée dans l'ancienne église de l'hospice des Enfants Trouvés,
près du quai de Paludate. Ce vote fut frappé de nullité par suite de
l'expiration des pouvoirs de l'Assemblée qui l'avait émis.

La question fut reprise par la Société d'Économie politique qui
nomma, le 25 juillet 1899, une commission chargée d'étudier la
création d'un musée commercial colonial. D'autre part, la Société de
géographie commerciale et une commission nommée par le nouveau
Conseil municipal s'occupèrent du même projet. Ce concours
d'initiative et de persévérants efforts aboutirent à la constitution
d'un Comité de patronage et à la fondation de l'Institut qui fut
inauguré le 4 juin 1901 par M. Decrais, ministre des Colonies et
député de la Gironde.

Cet Institut comprend quatre principaux services : les cours
coloniaux, le musée, le bureau de renseignements, le jardin colonial.

L'enseignement colonial èst donné à l'École supérieure de Commerce, rue Saint-Sernin, 66. Les matières traitées sont les suivantes : Histoire et colonisation, Géographie coloniale, professeur M. Henri Lorin ; Topographie et construction, professeur M. Esclangon ; Hygiène coloniale, professeur Dᵣ Le Dantec ; Produits coloniaux, professeur M. Hugot ; Économie et législation coloniale, professeur M. Sauvaire-Jourdan ; Agriculture coloniale, professeur Dᵣ Beille.

Un cours de langue arabe a été créé en 1905. La durée de la scolarité est de deux ans. Il y a généralement six leçons par semaine. Sont admis, indépendamment des élèves de l'École de Commerce, des auditeurs inscrits et des auditeurs libres.

Les auditeurs inscrits, qui suivent tous les cours, peuvent obtenir, après examen, le diplôme d'Études coloniales. Les auditeurs qui ne sont inscrits que pour certains cours peuvent, après avoir justifié d'une présence régulière et subi un examen satisfaisant sur les matières de ces cours, recevoir un certificat de capacité, sur lequel mention est faite des cours suivis. Les étudiants libres n'ont droit à aucun diplôme ni certificat. L'institut a organisé un enseignement colonial élémentaire et pratique dans les écoles primaires, sous forme de lectures, conférences et visites aux établissements coloniaux.

Le Musée colonial est installé sur la terrasse du Jardin public dans l'immeuble de l'ancienne École de sculpture. Il se compose d'une section de cartes murales, photographies, échantillons de produits de nos diverses colonies et d'une section de produits régionaux destinés à l'exportation.

La collection des produits coloniaux exposée dans le Musée comprend de nombreux échantillons de caoutchouc, gutta, coton, fibres textiles, graines oléagineuses, graines alimentaires, cacaos, vanilles, cafés, produits médicaux. Le Musée possède de nombreuses images coloniales scolaires envoyées par le musée de Haarlem. Les recherches chimiques ou physiques à effectuer sur les produits coloniaux sont confiées au laboratoire de la Faculté des Sciences.

Les serres et le parc du Jardin public ont été mis à la disposition de l'Institut pour les essais de cultures tropicales. Le Jardin colonial est largement pourvu de graines et de plantes qui lui sont fournies par : 1º les correspondants de l'Institut pour la plupart anciens élèves de l'École de santé de la Marine, résidant actuellement dans nos diverses colonies ; 2º le Muséum d'Histoire naturelle de Paris ; 3º le Jardin colonial de Vincennes ; 4º la villa Thuret d'Antibes, etc.

Les serres renfermant de nombreux spécimens de plantes coloniales industrielles et alimentaires : poivriers, caféiers, papayers,
muscadiers, avocatiers, kolatiers, vanilliers, lianes à caoutchouc, etc.

* Le service des cultures a fait connaitre la patate rouge du
Dahomey et a distribué des plants de ce tubercule à un grand nombre
d'agriculteurs. Une bibliothèque de botanique agricole et des herbiers
coloniaux sont installés dans le bâtiment des serres du Jardin
public.

Le service du bureau de renseignements, organisé en décembre 1905,
est chargé de fournir aux commerçants et aux industriels métropolitains les renseignements qui peuvent être utiles au placement de
leurs produits dans les possessions lointaines et à ceux qui désirent
s'établir aux colonies, les indications indispensables à une installation
sérieuse.

Il possède soixante publications périodiques coloniales, revues
diverses, bulletins des chambres de commerce et d'agriculture des
colonies ou de l'étranger, etc.; deux cents rapports commerciaux ou
coloniaux, guides pour émigrants, statistiques coloniales ; diverses
collections de cartes et publications officielles coloniales ; de nombreuses notices sur l'Algérie, la Tunisie et les autres colonies. Ce
service a fourni, depuis sa fondation, plus de 5.600 réponses à des
lettres de renseignements et des indications verbales à plus de
1.700 visiteurs. Des expositions temporaires sont organisées, de temps
en temps, par le bureau de renseignements, soit pour les produits
d'exportation, soit pour les produits d'importation.

On a pu voir ainsi récemment exposés différents articles : étoffes
de coton, serviettes, vestes de toile, filés de coton, étoffes, instruments
aratoires, fers, verroterie, savons, bougies de provenance étrangère,
tissus, maroquins d'Éthiopie, albums d'échantillons d'indienne,
flanelles, mouchoirs, pagnes, tissus d'ameublement, cotonnades
diverses, dentelles de fabrication française et étrangère de vente
courante en Guinée française, Côte d'Ivoire, Dahomey, Côte des
Somalis, Nouvelle-Calédonie, Mayotte et Comores, Congo, au nombre
de 1.154.

Le service de renseignements se propose de créer une bourse
régulière d'offres et demandes d'emplois aux colonies et un service
d'annonces des diverses adjudications coloniales. Sur son initiative,
M. Hugot, chef des travaux à la Faculté et professeur du cours de

productions à l'Institut colonial, vient d'être chargé par le ministre des Colonies d'une mission scientifique en Afrique Occidentale. (De Bordeaux est également partie, il y a quelques années, la mission Gruvel qui a fait de si intéressantes études sur les ressources ichthyologiques du banc d'Arguin sur la côte du Sénégal.) La mission Hugot a pour but de développer l'importation du caoutchouc à Bordeaux, en étudiant sur place les améliorations qu'il pourrait être utile d'apporter aux procédés employés par les indigènes dans la récolte et la coagulation du latex.

Bordeaux est le grand marché français du caoutchouc. Pendant l'année 1905, les arrivages de ce produit se sont élevés à 1.330.480 kilogrammes.

La bibliothèque de l'Institut colonial renferme 1.900 volumes et brochures, 270 cartes géographiques, 800 photographies, 380 périodiques français et étrangers. Un bulletin est chargé de faire connaître la marche et les travaux de l'Institut et de publier diverses études coloniales.

L'Institut de Bordeaux a obtenu un grand prix à l'Exposition de Liège. Il a participé à l'Exposition coloniale de Marseille. Les principaux documents et objets envoyés à cette exposition étaient : des tableaux représentant le Jardin colonial, le palmarium, le musée, le service de renseignements, etc.; l'indication des plantes cultivées au Jardin d'essais ; des échantillons du musée colonial (caoutchouc, gutta, cotons, fibres textiles, graines oléagineuses, graines alimentaires, cacaos, vanilles, cafés, produits médicinaux) ; des cartes de la production du caoutchouc et de la vanille ; des indications sur l'organisation et le fonctionnement des cours coloniaux, du musée, du jardin colonial et du service de renseignements.

Section coloniale de l'École de Commerce de Nantes. — La ville de Nantes, placée à l'embouchure du plus grand fleuve de France et en face de l'immense océan Atlantique, devait prendre de tout temps une part très active aux entreprises lointaines. Ses vaillants navigateurs ont parcouru toutes les mers du globe ; ses commerçants se sont disséminés dans le monde entier.

A l'exemple des autres grandes cités commerciales et industrielles de France, cette ville a fondé en 1900 une École de commerce destinée à former des chefs ou principaux employés de maisons de commerce, de banque, des directeurs de comptoirs à l'étranger et des agents consulaires. Cette école comprend une section coloniale ayant pour but de donner un enseignement spécial aux jeunes gens qui désirent se faire une situation aux colonies. Le programme d'études, parcouru en deux années, comprend des matières communes aux deux sections de l'école et des matières spéciales.

Matières communes : commerce et comptabilité, mathématiques financières, anglais, seconde langue (allemand ou espagnol) géographie économique, législation commerciale, maritime, industrielle.

Matières spéciales : Cultures et productions coloniales (professeur M. Dubois, médecin de la marine et des colonies, en retraite); Histoire du commerce et de la colonisation (professeur M. Laffite, licencié ès lettres, diplômé des études supérieures d'histoire et de géographie); Géographie coloniale (professeur M. Laffite); Économie et législation coloniales (professeur M. Gaillard, licencié en droit, avocat) ; Hygiène, climatologie et épidémiologie coloniales (professeur M. Auvray, médecin principal de la marine et des colonies en retraite, ancien professeur de l'École de médecine navale de Brest).

Les élèves qui ont obtenu 65 o/o du total des points que l'on peut obtenir pendant la scolarité reçoivent à leur sortie un diplôme supérieur, délivré par M. le Ministre du Commerce. Ce diplôme facilite le placement des élèves dans les grandes maisons de commerce et dans les établissements de crédit. Il donne, en outre, le droit, à ceux qui en sont titulaires, de se présenter, en bénéficiant d'avantages appréciables, aux concours institués dans certains ministères. L'enseignement pratique de la section coloniale est donné au Grand-Biottereau, vaste domaine comprenant un château et un parc situé dans la banlieue nantaise et légué à l'École de Commerce par M. Durand-Gosselin. Cet établissement contient un musée colonial, des serres chaudes et un grand jardin pour les essais de cultures tropicales. M. Perrot, professeur d'Ecole supérieure de pharmacie, a fait récemment, dans un journal de l'Ouest, la description suivante du Grand-Blottereau :

« Au hasard d'une visite à Nantes, il vient de nous être donné de constater que l'initiative individuelle et administrative avait réalisé dans cette ville l'une des plus intéressantes qui soient à notre connaissance, parmi les manifestations nombreuses du mouvement colonial en France.

« On sait que l'École supérieure de notre grand port de l'Ouest, fondée en 1900, est actuellement en pleine prospérité, malgré la crise subie momentanément par les établissements similaires, et ce sera l'honneur de la municipalité nantaise et de la Chambre de Commerce d'avoir immédiatement compris quelle était l'importance des études coloniales dans les questions se rapportant au trafic international.

Serait-ce à dire qu'il n'existe pas en France d'enseignements coloniaux ? Loin de là, certes, mais il n'en est peut-être pas de plus modestes et de plus utiles.

« L'idée dominante des fondateurs de cette section de l'École supérieure de commerce fut, en effet, non pas de chercher à créer des agriculteurs scientifiques ou des fonctionnaires avisés dont le nombre grossirait la pléthore actuelle, mais au contraire de préparer aux transactions commerciales des élèves instruits capables, soit de trafiquer dans les colonies pour leur propre compte, s'ils sont en possession de capitaux suffisants, soit de fournir aux sociétés d'exploitation des agents précieux qui leur font trop souvent défaut.

« Nos colonies, qui regorgent d'agronomes distingués et de fonctionnaires, ne manquent-elles pas d'agents commerciaux munis du bagage scientifique réellement nécessaire pour tirer tout le parti possible des ressources mêmes du sol ? Ajoutons qu'il est encore de toute première nécessité que ces mêmes agents ne soient pas ignorants des notions élémentaires d'hygiène, d'économie et de législation coloniales. Les élèves de l'Ecole de Nantes répondront à ces desiderata, et déjà, parmi ceux qui viennent de terminer leurs études, une grande Société de Marseille a choisi, après un brillant concours, un de ses représentants dans l'Afrique occidentale.

« Un semblable enseignement nécessitait un personnel instruit, des collections et des champs d'observation et pour cela il fallait des ressources ; Nantes a trouvé en M. Durand-Gosselin, un véritable Mécène qui mit à sa disposition, à quelques kilomètres de la ville, un parc magnifique avec le château qu'il renfermait, et qui constituait le domaine du Grand-Blottereau.

« C'est dans cette superbe demeure que sont désormais installées les salles de cours et de travail, la bibliothèque et la collection des matières premières les plus intéressantes de nos colonies.

« Dans le court espace de ces deux années, M. le docteur Ménier, directeur de l'École supérieure de Commerce, a édifié, au milieu du parc, trois serres qui, pour modestes qu'elles sont encore, nous ont montré, croissant dans d'excellentes conditions de vigueur et de santé, la plupart des végétaux utiles de nos diverses colonies.

« Quelques cultures choisies de pleine terre constituent d'excellents exemples de démonstration agronomique, et des laboratoires en voie d'installation viendront bientôt permettre des recherches plus approfondies.

« Le nombre des élèves de la section coloniale est fixé chaque année par le ministre à quinze, et toutes les places furent immédiatement prises.

« Par l'orientation spéciale de son enseignement et par suite de son rattachement direct à l'École de Commerce, où les élèves puisent largement les matières nécessaires, la section coloniale de Nantes est appelée à prospérer rapidement, ce qui constituera la récompense bien méritée des efforts dus à l'initiative de M. Durand-Gosselin, à la Chambre de Commerce et à la ville d'une part, et d'autre part au zèle de son distingué directeur et de ses collaborateurs. »

CHAPITRE VII

ÉCOLES TECHNIQUES

L'incapacité et l'inexpérience des fonctionnaires, des agriculteurs et des commerçants appelés à administrer et à exploiter les pays neufs ont été les principales causes des insuccès de l'ancienne colonisation française.

Nobles et bourgeois ayant gaspillé leur patrimoine ou ruinés par des affaires malheureuses, jeunes hommes exaltés, rêvant les lauriers des Cortés et des Pizarre, gens véreux à la recherche de spéculations louches, tels étaient autrefois les candidats aux professions coloniales.

Les scandales occasionnés à différentes époques, dans la plupart de nos possessions lointaines, par l'insuffisance professionnelle des administrateurs, les retentissants échecs de nombreuses entreprises dus à l'inexpérience des colons, ont fait comprendre qu'à la tête des affaires coloniales il faut des hommes énergiques et prudents, longuement préparés aux fonctions dont ils assument la charge.

Dans une série d'articles intitulée « Faites des spécialistes », publiée par la *Quinzaine Coloniale*, M. Joseph Chailley a tracé avec maîtrise le tableau des qualités requises pour faire un bon fonctionnaire colonial ou un bon colon, et des conditions nécessaires à l'établissement d'une exploitation coloniale.

L'éminent directeur de l'Union coloniale est convaincu que a France possède assez d'hommes énergiques et entreprenants pour tirer parti de son immense domaine colonial ; mais il constate que les candidats aux carrières coloniales qui s'adressent journellement au Comité Dupleix, au ministère des Colonies, à l'Union coloniale n'ont aucune préparation spéciale . Ce sont des jeunes gens robustes, instruits, qui voudraient se lancer dans la vie coloniale, à l'aventure, sans direction, sans plan préconçu. Malgré leur valeur réelle et leur bonne volonté ces candidats ont de faibles chances de réussir aux colonies.

Les entreprises coloniales ont besoin de « jeunes gens de raison mûre, de sang froid, d'éducation achevée, des jeunes gens, non pas propres à toutes choses, mais à une chose, sachant un métier à fond ».

Avant d'être placés à la tête d'une exploitation coloniale, les jeunes Anglais et Hollandais doivent faire de très longues études techniques, et se familiariser avec tous les détails de leurs professions par un stage de plusieurs années aux colonies. M. Joseph Chailley conseille aux jeunes gens de se spécialiser. Les colons agriculteurs devront s'en tenir à une seule culture et tâcheront de la connaitre à fond. Pour la culture du riz, ils iront se perfectionner en Italie, en Birmanie, au Siam, en Californie ; pour celle du sucre, à Cuba, en Louisiane, au Brésil, à Java ; pour celle du tabac, à Cuba, à Bornéo, etc., etc. Ils devront se résigner à passer ainsi plusieurs années sur une plantation. C'est par cette sérieuse et méthodique étude et cette longue expérience de leur profession, qu'ils inspireront confiance aux capitalistes, et qu'ils obtiendront les sommes nécessaires à leurs entreprises.

Cette spécialisation est également nécessaire à ceux qui désirent faire du commerce ou de l'industrie aux colonies, aux futurs administrateurs coloniaux qui ne doivent rien ignorer des lois, des mœurs, des coutumes et de la langue du pays qu'ils ont choisi comme résidence ; aux futurs médecins coloniaux, appelés à traiter de nombreuses maladies spéciales aux pays chauds.

École coloniale de Paris. — Depuis deux cents ans on a créé ou tenté de créer en France diverses institutions dont les transformations successives ont abouti à l'École coloniale actuelle. Dès le XVIIIe siècle, un missionnaire des Indes orientales, le père Charles de Montalembert, demandait « que l'on fondât en France un collège à l'usage des jeunes Indiens qui y auraient été envoyés pendant plusieurs années et seraient ensuite revenus occuper dans leur pays de hautes fonctions, d'où ils auraient propagé notre influence. »

En 1840, sur l'initiative du ministre de la Guerre, un collège arabe destiné aux indigènes d'Algérie fut installé à Paris, hôtel Marbeuf, avenue des Champs-Élysées.

Cet établissement dut fermer ses portes sans avoir reçu d'élèves. En 1885, treize jeunes Cambodgiens, confiés à M. Pavie (alors sous-chef du service télégraphique du Cambodge, aujourd'hui ministre plénipotentiaire) par le général Bégin, gouverneur intérimaire de la Cochinchine, arrivèrent à Paris « pour y apprendre notre langue, s'initier à nos mœurs et à nos usages, puis, revenus dans leur patrie, y servir la cause de l'influence française ». Logés d'abord dans un hôtel de la rue Jacob, ces indigènes furent installés l'année suivante dans une maison sise rue Ampère. Ainsi fut fondée l'École cambodgienne.

Réorganisée et complétée par l'arrêté du 11 janvier 1888 et destinée désormais, non plus exclusivement à des élèves indigènes, mais à des élèves et à des auditeurs français qui désiraient se former à la pratique des langues et à l'étude des sciences coloniales, cette institution prit le nom d'École coloniale et fonctionna de la manière suivante :

Les élèves indigènes recevaient une bonne instruction primaire, apprenaient le mécanisme de nos institutions et se familiarisaient avec les notions les plus simples de l'histoire, de la géographie et des sciences. Une éducation manuelle, donnée en dehors de l'école, complétait cet enseignement théorique. Certains élèves, après avoir suivi les cours de l'École Lavoisier, sont entrés dans les écoles des arts et métiers ; d'autres ont pu arriver jusqu'à l'École Centrale et à l'École de physique et de chimie. Les élèves cambodgiens et annamites servaient de répétiteurs aux élèves français pour les langues asiatiques. Ces relations journalières entre élèves français et élèves indigènes, en cimentant des amitiés durables, devaient faire disparaître les préjugés de race et contribuer par la suite au succès de nos entreprises coloniales. Les élèves de la section indigène étaient pour la plupart des boursiers choisis dans les familles indigènes notables. Les fils des princes indigènes de nos colonies pouvaient être reçus comme élèves libres.

La durée du séjour de ces élèves à l'école était de deux années environ. La section française visait la préparation des fonctionnaires coloniaux. Le besoin de donner aux représentants du gouvernement français dans les possessions lointaines l'instruction nécessaire à l'accomplissement de leurs délicates fonctions a été reconnue depuis longtemps. La nomination de jeunes administrateurs insuffisamment préparés à leur tâche avait maintes fois occasionné de sérieux embarras à la métropole. Un décret du 10 février 1873 institua à Saïgon un collège des stagiaires à l'administration des affaires indigènes de la Cochinchine. Les élèves de cet établissement étaient nommés administrateurs de troisième classe après un examen passé à la fin de la première année d'études. Ils devaient se soumettre à de nouvelles et plus difficiles épreuves pour arriver aux deux premières classes. Ce principe d'avancement, excellent en théorie, avait dans la pratique de sérieux inconvénients. Le souci constant des examens absorbait entièrement les jeunes administrateurs et les détournait de leurs véritables fonctions. L'amiral Lafont en 1878, Paul Bert en 1886, proposèrent au ministre de la Marine de modifier le décret de 1873 et de fonder à Paris une école d'administration annamite.

Ces divers projets devaient servir de base à la réorganisation de l'École coloniale en 1888. Le rapport préparatoire présenté à cette époque par un membre du conseil d'administration de cette institution faisait ressortir en ces termes la nécessité de la réforme demandée et les bienfaits attendus de la nouvelle organisation : « De nos jours, la lutte des nations ne s'enferme plus dans le champ étroit de l'Europe. Sur les plateaux de l'Asie ou de l'Afrique, à travers les archipels océaniens, les peuples, tous les peuples, s'empressent, à l'envi, de marquer leur place ; dans des vues ambitieuses d'avenir, ils délimitent sur la carte, à la mesure de leur appétit, leur domaine respectif. La question coloniale devient ainsi, de son vrai nom, la question de l'équilibre des races dans le monde. Il importe au surplus que nous défendions contre nos rivaux les débouchés de notre commerce, et que nous garantissions à nos industriels leur approvisionnement régulier en matières premières. Par le vent de protectionnisme à outrance qui souffle, nous ne sommes assurés de conserver nos relations économiques qu'avec les points du globe qui dépendent de notre souveraineté et sur lesquels nous avons planté notre drapeau.

« Nous devons, par conséquent, sans prétendre à l'accroissement indéfini de notre empire extérieur, nous efforcer du moins de développer et de rendre plus intenses les rapports de la métropole et de nos possessions d'outre-mer. C'est dans la voie féconde des grands voyages et des expéditions pacifiques qu'il nous faudrait pousser une partie de la jeunesse. Il s'agit là d'une œuvre d'entraînement à accomplir, et, puisque c'est une œuvre d'entraînement, c'est par-dessus tout une œuvre d'école. »

L'institution devait être franchement ouverte à tous ceux qui désiraient acquérir la connaissance exacte et le goût éclairé des affaires coloniales. Une instruction générale était indispensable pour y être admis. Les candidats devaient remettre à leur entrée un diplôme quelconque de baccalauréat.

Le but poursuivi par l'École était de donner aux jeunes gens, pendant trois ans, un solide enseignement professionnel portant sur les matières suivantes : 1° théories fondamentales du droit ; 2° l'art de coloniser ; 3° les langues indigènes ; 4° les exercices physiques. Ce sont là, en effet, des connaissances indispensables aux administrateurs coloniaux. Ceux-ci doivent avoir des notions de droit civil, d'économie politique, de droit international, des notions de colonisation étrangère. Ils doivent connaître la langue, l'organisation administrative, les rouages constitutionnels, judiciaires, financiers et militaires de la colonie où ils résident.

Cette solide instruction pratique ne doit pas exclure chez ces fonctionnaires les exercices physiques qui peuvent fortifier et assouplir leur corps. La natation, l'équitation, le maniement des armes doivent leur être familiers.

Le décret du 23 novembre 1889 régla l'organisation administrative et financière et le fonctionnement de l'École coloniale.

La section française commença à fonctionner le 1er janvier 1890. L'arrêté du 15 février 1893 introduisit l'instruction militaire dans le programme de l'École. En créant une section commerciale, le décret du 1er juillet 1893 permit aux jeunes gens ayant l'intention de se rendre aux colonies pour s'occuper de commerce ou d'agriculture, de recevoir une instruction spéciale. Cette instruction ne comportait pas de connaissances commerciales proprement dites; elle s'attachait à faire connaître les usages, les habitudes, les langues, le régime légal et économique, l'organisation administrative et le fonctionnement des divers services de nos colonies. Seuls les élèves diplômés de l'École des hautes études commerciales, des Écoles supérieures de commerce, de l'Institut commercial pouvaient être admis dans cette section.

Les décrets du 2 février 1894, du 2 avril 1896, les arrêtés ministériels des 12 juillet 1896, 1er et 24 mars 1897 apportèrent de nouvelles

modifications au fonctiònnement de l'École coloniale. D'après ces
divers actes administratifs, l'admission à cet établissement était
prononcée à la suite d'un concours entre les candidats portés sur une
liste arrêtée par le ministre sur la proposition d'une Commission
présidée par un conseiller d'État et composée de hauts fonctionnaires
des colonies.

La répartition des jeunes gens admis dans les quatre sections
administratives de l'École se faisait dès la rentrée. Une division
préparatoire était créée pour donner un enseignement portant sur les
matières du concours d'admission dans les sections administratives :
économie politique, histoire de la colonisation française et étrangère,
géographie, topographie, langue anglaise, allemande ou espagnole.
Le décret du 21 juillet 1898 fixa de nouvelles conditions d'admission
à la section commerciale. Les candidats étaient désormais astreints à
produire, avant le concours, un certificat constatant qu'ils avaient
subi avec succès les épreuves du premier examen du baccalauréat en
droit. Nul ne pouvait passer en deuxième année s'il n'était bachelier
en droit ; nul ne pouvait sortir breveté s'il n'était licencié en droit.
Les bacheliers de l'enseignement moderne, qui ne peuvent pas
prendre d'inscriptions à la Faculté de Droit en vue de la licence,
devaient subir à l'École coloniale des examens correspondant à ceux
de l'École de Droit devant les professeurs de la Faculté.

L'épreuve d'économie politique ayant été jugée inutile par suite
de l'obligation imposée aux candidats de fournir la preuve de leurs
connaissances juridiques, fut remplacée par les matières suivantes :
histoire de la colonisation européenne en Amérique jusqu'à nos
jours, construction pratique, épreuve écrite de langue anglaise, allemande ou espagnole.

Le décret du 22 février 1902 fixe ainsi le recrutement actuel de
l'École. Après un examen portant sur les matières du programme des
deux premières années d'études juridiques enseignées à la Faculté de
Droit, les candidats subissent des épreuves écrites sur l'histoire de la
colonisation, la géographie et les langues. Les épreuves orales
comportent des questions sur la construction pratique, la langue
anglaise ou allemande. La licence en droit ou un examen d'équivalence passé à l'École coloniale est nécessaire pour être admis en
deuxième année. Une section de la magistrature a été créée à l'École
coloniale par le décret du 2 juin 1905.

Le recrutement des élèves de cette section, ouverte en novembre 1905, s'opère à la suite d'un concours portant sur les matières suivantes : droit civil, droit commercial, code d'instruction criminelle, économie politique, histoire de la colonisation française et étrangère, géographie, hygiène et médecine pratique, langues vivantes. Ne peuvent concourir que les jeunes gens pourvus du diplôme de licencié en droit. Le brevet de l'École est délivré aux élèves qui ont subi avec succès, à la fin de la première année, le premier examen de doctorat en droit, et, à la fin de la deuxième année, le deuxième examen du même doctorat. Les élèves doivent, pendant leur séjour à l'École, se faire inscrire comme avocats stagiaires, et sont attachés à l'un des parquets du tribunal de première instance de la Seine. Telles sont les modifications successives opérées dans l'organisation et les programmes de l'École coloniale depuis sa fondation. Dans l'organisation actuelle l'enseignement est divisé en deux parties bien distinctes : les cours préparatoires et les cours normaux. Le programme des cours préparatoires comprend l'histoire de la colonisation, tant française qu'étrangère, la géographie physique du monde, l'Europe exceptée, et les langues vivantes. On y a ajouté quelques matières spéciales comme les constructions pratiques, l'hygiène et la médecine usuelle qui sont des connaissances indispensables à ceux qui veulent vivre aux colonies.

Les cours normaux se subdivisent en cours généraux et en cours spéciaux. Les cours généraux s'adressent à tous les élèves quelle que soit la colonie dans laquelle ils devront résider et quelles que soient les fonctions qu'ils auront à exercer. Ils comportent : la colonisation française (politique coloniale, régime économique, mise en valeur); l'organisation administrative des colonies françaises, la colonisation étrangère, le droit administratif colonial, la comptabilité administrative, les productions coloniales, la topographie théorique et pratique, les langues vivantes (anglais et allemand), les exercices militaires et physiques. La durée des cours est fixée à deux ans. Les élèves sont appelés chaque année à présenter la traduction d'un ouvrage colonial publié dans une langue étrangère et non encore traduit en français. Les cours spéciaux sont réservés aux diverses sections dans lesquelles les élèves sont répartis dès leur entrée définitive à l'École. Ces sections sont au nombre de quatre : 1º Section de l'Indo-Chine ; 2º Section de l'Afrique ; 3º Section des services pénitentiaires; 4º Section de la magistrature.

Dans la section indo-chinoise on étudie : l'histoire, la géographie, les institutions, la législation et l'administration de l'Indo-Chine, les langues annamite et cambodgienne et la lecture des caractères chinois. Ces mêmes matières concernant nos possessions d'Afrique sont passées en revue dans la section africaine, où l'on apprend également les langues arabe et malgache. Les élèves de la section de la Magistrature, candidats aux fonctions judiciaires des colonies, sont répartis en deux sous-sections (indo-chinoise et africaine) où ils sont initiés à l'organisation administrative coloniale, aux langues et aux coutumes indigènes, à la géographie et à l'histoire de la colonisation. Pour compléter leurs connaissances juridiques, ils suivent à la Faculté de Droit, les cours de doctorat et font un apprentissage pratique par la fréquentation du Palais et du Parquet.

En soumettant tous les candidats aux fonctions d'administrateur colonial (Afrique et Madagascar), quelle que soit leur origine, à un travail de préparation uniforme, l'arrêté du 10 septembre 1905 a agrandi le champ d'action de l'École. Ces candidats (fonctionnaires, officiers ou agents des colonies), sont inscrits chaque année au 1er novembre en qualité d'auditeurs et suivent les cours ci-après : colonisation française, organisation générale des colonies, législation et administration de nos possessions coloniales d'Afrique et de Madagascar, droit administratif, droit musulman, comptabilité administrative, colonisation étrangère.

Le certificat d'aptitude n'est délivré qu'à ceux des candidats qui ont obtenu une moyenne générale de 13 dans l'ensemble des cours, aucune note ne devant être inférieure à 8.

L'exposition de l'École coloniale à Marseille comprenait une série de tableaux donnant les programmes des cours des différentes sections et des conférences, des photographies représentant l'ensemble du monument de l'École coloniale et les différentes salles, une médaille obtenue à l'Exposition de 1900, des ouvrages, (recueils de conférences faites aux élèves), des devoirs d'élèves, un spécimen de brevet d'élève diplômé de l'École coloniale, etc.

Jardin colonial de Nogent-sur-Marne. — On répète depuis de longues années que les cultures rationnelles doivent remplacer, dans les colonies, l'exploitation irraisonnée des produits spontanés du sol. Mais les recommandations les plus pressantes, les conseils les mieux fondés ne peuvent changer ce vieil état de choses. Pour arrêter la destruction déjà si avancée de nos meilleures essences végétales coloniales et exploiter le sol de nos possessions lointaines d'après les sages méthodes qui ont donné dans les colonies étrangères de merveilleux résultats, il faut procurer aux colons et aux indigènes des indications pratiques et précises, et leur fournir quelques éléments matériels indispensables à leurs exploitations.

Cette claire compréhension de la mise en valeur de notre domaine colonial conduisit M. Heckel, en 1899, à créer, comme complément de son Institut colonial, un jardin botanique où devait se faire des études sur la végétation des pays chauds.

Ce jardin a étudié un grand nombre de plantes nouvelles et les a répandues ensuite dans la plupart de nos colonies.

Dans le même but, d'autres savants agronomes cherchèrent plus tard à développer les jardins coloniaux en France et dans les contrées lointaines. Il devint même alors nécessaire d'associer étroitement les jardins coloniaux de la métropole avec les jardins établis dans les colonies. Les premiers, centres d'études et de recherches, devaient donner des directions et des conseils aux seconds à qui incombait la tâche de faire les essais pratiques. M. Dybowski fut, il y a dix ans, un des plus ardents promoteurs de la fondation des jardins d'essais coloniaux et d'un service central métropolitain d'agriculture coloniale.

Alors directeur de l'Agriculture en Tunisie, le vaillant explorateur de l'Afrique centrale fit paraître une brochure intitulée : « Les Jardins d'essais coloniaux » qui fut très remarquée en haut lieu. Le ministre des Colonies, vivement intéressé à la question soulevée par M. Dybowski et désireux d'en chercher les moyens pratiques d'application, chargea M. Milhe-Poutingon d'aller étudier en Angleterre l'organisation des célèbres jardins royaux de Kew. Un rapport de ce voyage d'études fut remis, en 1898, au ministre qui nomma une commission, présidée par M. Milne-Edwards, directeur du Muséum, en vue d'étudier toutes les questions relatives aux Jardins d'essais à créer dans la métropole et dans les colonies.

Sur le rapport de M. Paul Bourde, cette commission adopta le projet de création d'un Jardin central métropolitain destiné à réunir tous les documents relatifs à l'agriculture des pays chauds et à donner des conseils pratiques aux agents de culture et aux colons.

M. Milne-Edwards offrit, à cet effet, un terrain situé en bordure du bois de Vincennes, à Nogent-sur-Marne, qui avait été cédé au Muséum par la Ville de Paris, propriétaire de ce domaine depuis le 24 juillet 1860. Le 28 juillet 1889 parut le décret créant le Jardin colonial dont la direction était confiée à M. Dybowski.

Pourvu de ses principaux organes, le jardin commença à fonctionner avec les faibles ressources mises à sa disposition par les gouvernements coloniaux. Peu à peu, d'autres moyens d'action lui furent fournis, son outillage se compléta, et bientôt les résultats obtenus montrèrent les services que la France pouvait attendre de sa nouvelle institution.

Dans un rapport adressé au ministre des Colonies à l'occasion de l'Exposition universelle de 1900, M. Dybowski fit connaître les sages idées que lui avait suggérées une année d'organisation, d'orientation et de recherches à la tête du Jardin colonial. S'inspirant de la situation géographique et des véritables besoins de nos nombreuses colonies, disséminées sur divers points du globe, M. Dybowski pensait que notre établissement central d'études agricoles coloniales ne pouvait être une copie servile des institutions similaires existant chez les peuples qui ont été nos précurseurs en colonisation. La Hollande, ayant ses principales colonies placées sous un même climat, a pu créer sur place, à Buitenzorg, un centre de recherches agricoles unique au monde. La plupart de nos colonies ne pouvaient se payer le luxe d'une pareille institution.

C'est à Kew, dans la métropole même, que l'Angleterre a installé son centre d'études botaniques coloniales. Cet admirable jardin présente aux yeux de M. Dybowski un grave inconvénient : c'est son isolement et son manque de lien avec le Colonial office. Pour donner un caractère officiel au Jardin colonial français, il fallait l'unir plus étroitement avec le ministère des Colonies. Inspecteur général de l'agriculture coloniale, M. Dybowski était tout désigné pour établir cette cohésion et organiser le nouveau service sur de solides bases. Le 5 mai 1900, le ministre des Colonies demandait au Président de la République de vouloir bien sanctionner par un décret les attributions nouvelles du Jardin colonial. Deux jours après paraissaient le décret et l'arrêté ministériel déterminant ces attributions. A partir de ce jour cet établissement prit un rapide essor. Ses importants travaux ne tardèrent pas à lui gagner l'estime du monde colonial.

Jugeant son œuvre incomplète, M. Dybowski voulut ajouter aux services de recherches du Jardin colonial, un haut enseignement destiné à former les chefs des exploitations agricoles coloniales.

Le Ministre des Colonies, approuvant cette idée nouvelle, se hâta d'en assurer la réalisation.

Sur son rapport, le Président de la République rendit le décret suivant, instituant au Jardin colonial un enseignement supérieur de l'agriculture coloniale :

« ARTICLE PREMIER. — Il est créé au Jardin colonial un enseignement agricole sous le nom de : *École nationale supérieure d'agriculture coloniale.*

« ART. 2. — La durée de l'enseignement est d'une année. Cet enseignement est donné par des professeurs titulaires ou chargés de cours nommés par le Ministre des Colonies.

« ART. 3. — L'École reçoit deux catégories d'élèves, savoir : 1° des élèves réguliers ; 2° des élèves libres.

« ART. 4. — Ne peuvent être admis comme élèves réguliers que les candidats titulaires soit du diplôme de l'Institut national agronomique, des Écoles nationales d'agriculture, de l'École d'horticulture de Versailles, de l'École nationale de Tunis, de l'École coloniale, de l'École de physique et de chimie, soit de la licence ès sciences naturelles ou ès sciences physiques.

« ART. 5. — Le nombre des élèves réguliers à admettre est fixé chaque année par le Ministre des Colonies, après avis du Conseil d'Administration du Jardin colonial. Les admissions sont prononcées par le Ministre, sur la proposition du Conseil d'Administration. Le programme des cours, l'emploi du temps et les règlements intérieurs seront fixés par arrêté du Ministre des Colonies, sur la proposition du Conseil d'Administration du Jardin colonial.

« ART. 6. — Les élèves réguliers subissent : 1° à la fin du premier semestre ; 2° à la fin de l'année scolaire un examen fait par les professeurs et portant sur toutes les matières enseignées pendant le semestre écoulé.

« ART. 7. — Un diplôme de l'enseignement supérieur de l'agriculture coloniale est accordé à tout élève qui aura subi avec succès les épreuves théoriques et pratiques et aura obtenu la moyenne fixée par l'arrêté ministériel à intervenir.

« Art. 8. — Tout élève régulier aura à verser des frais d'inscription fixés à 300 francs pour l'année scolaire et payables par semestre et d'avance.

« Art. 9. — Les élèves libres sont admis par autorisation du Ministre et sur avis du Conseil d'Administration du Jardin colonial. Ils devront produire : un extrait de leur acte de naissance, un extrait du casier judiciaire, un certificat de bonne vie et mœurs.

« Art, 10. — Les élèves libres sont admis à suivre les cours, les applications, les exercices de laboratoires, les travaux pratiques. Ils auront à verser un droit d'inscription annuel de 300 francs payables par semestre. Ils pourront être admis dans le cours de l'annés scolaire. Dans ce cas les droits d'inscription seront décomptés par semestre.

« Art. 11. — Les élèves libres sont soumis aux règlements applicables aux élèves réguliers. Un certificat d'études pourra leur être délivré, s'ils ont suivi l'enseignement pendant tout le cours de l'année scolaire et si, sur leur demande, ils subissent un examen à la fin de l'année scolaire. Ils devront, dans ce cas, faire connaître leur intention de concourir pour l'obtention de ce certificat dès leur entrée à l'École. »

L'École fut inaugurée le 20 juin 1902 par M. Doumergue, ministre des Colonies, entouré d'un grand nombre de personnalités coloniales.

Après avoir fait l'historique de l'établissement colonial agricole de Nogent et cité les décisions administratives rendues à l'occasion de sa création, il faut décrire ses différents organes et expliquer son fonctionnement.

Le Jardin colonial est situé Avenue de la Belle-Gabrielle, près de la gare de Nogent-sur-Marne. Entouré de coquettes villas et d'élégants massifs de verdure, l'établissement comprend un certain nombre de bâtiments dont l'architecture spéciale rappelle nos principales colonies.

Ces bâtiments sont la reproduction fidèle de ceux qu'on a pu voir au Trocadéro à l'Exposition universelle de 1900. A la clôture de cette exposition, les matériaux de construction et le mobilier des pavillons coloniaux furent mis gracieusement à la disposition de M. Dybowski par M. Jules Charles-Roux, commissaire général de la Section coloniale.

Les bâtiments, les serres et les jardins sont disséminés dans un parc immense et cachés au milieu d'une puissante végétation. Le visiteur est charmé par la disposition des pavillons, la direction et l'ornementation des allées et des pelouses.

Dans ce lieu délicieux, fait, semble-t-il, pour de reposantes promenades, au milieu des ombrages et des fleurs, le travail ne chôme guère.

Ce travail est distribué à quatre principaux services : botanique, cultures, chimie, enseignement, qui peuvent former deux grands groupes : le Jardin colonial proprement dit et l'École d'agriculture coloniale.

Jardin colonial. — Une construction mauresque abrite divers laboratoires (laboratoire de chimie, laboratoire du professeur, laboratoire des élèves), la salle des balances où l'on se livre à l'étude des matières premières et de leurs applications.

Le service botanique, les services administratifs et les salles de collections sont réunis dans un vaste bâtiment situé dans le fond du parc.

Le service des cultures est chargé de recevoir les plantes et les graines tropicales, de les étudier pour en connaître le caractère botanique, d'en faire l'expérience culturale et de les propager dans les colonies.

Pour accomplir cette vaste tâche, il dispose d'un outillage comprenant : un magasin d'arrivée et de départ, de serres de multiplication et de culture, de jardins pour les cultures estivales, de serres de transport, etc.

Ce service reçoit de tous les jardins coloniaux du monde des graines et des plantes qui, dès leur arrivée, sont mises à l'étude dans les laboratoires et expérimentées dans les serres ou dans les champs de culture. A la suite de ces recherches et selon les résultats qu'elles ont fournis, les végétaux sont expédiés aux jardins d'essais des colonies, où ils sont soumis à de nouvelles expériences culturales.

Des instructions précises sont données aux agents de cultures, aux gouverneurs et administrateurs des colonies, soit pour le prélèvement des échantillons destinés à l'analyse des terres, soit pour aider à la récolte des produits et documents.

Ces instructions montrent les soins méthodiques et minutieux dont on a voulu entourer ces opérations délicates.

Le prélèvement des échantillons destinés à l'analyse des terres doit être fait d'après les méthodes adoptées par les stations agronomiques de la métropole.

La marche à suivre pour le prélèvement de ces échantillons est longuement détaillée dans les circulaires du Jardin colonial. Ces échantillons, soigneusement étiquetés, sont accompagnés d'une note indiquant leur provenance et tous les renseignements permettant d'interpréter plus utilement les résultats de l'analyse.

La récolte et l'envoi des produits et documents destinés à l'étude doivent être faits dans des conditions spéciales indiquées par les circulaires. Lorsqu'il s'agit de plantes cultivées, il est nécessaire de faire connaitre : 1° comment se fait la propagation de la plante : semis ou bouturage ; 2° a quelle époque se fait la plantation ou le semis ; 3° quels sont les procédés suivis ; 4° quels sont les soins de culture ; 5° a quel moment se fait la récolte ; 6° quels sont les rendements pour une surface déterminée ; 7° quelle est la préparation que subit la récolte ; 8° comment se fait la conservation du produit ; 9° quelle est l'alternance des cultures. La même plante revient-elle plusieurs années de suite sur le même terrain ou bien laisse-t-on la terre se reposer ?

Pour les plantes croissant à l'état sauvage les documents à réunir sont les suivants : 1° échantillon du produit brut et du produit préparé s'il y a lieu ; 2° échantillon d'herbier de la plante fournissant le produit ; 3° graines de la plante ; en petite quantité si-ce n'est pas la graine qui fournit le produit ; en fort échantillon (un kilog) si le produit est extrait de la graine ; 4° note sur l'usage du produit, rendement de la plante, son abondance plus ou moins grande, etc.

Des indications très minutieuses sont données sur la préparation des objets, leur emballage et leur envoi. Les plantes vivantes ne doivent être expédiées que dans des caisses vitrées (serres de Ward), sauf les bulbes, les tubercules, les orchidées et les plantes grasses qui peuvent supporter les transports exigeant plusieurs semaines simplement emballées dans des caisses.

Le classement et le numérotage des échantillons reçus au Jardin colonial permettent d'effectuer les expériences avec une méthode des plus rigoureuses. Toutes les plantes étudiées dans les laboratoires ou mises en culture dans les serres ont leurs dossiers. On peut ainsi avoir facilement tous les renseignements qui concernent chacune d'elles.

La liste des végétaux à propager dans les colonies est envoyée chaque année aux gouverneurs qui la renvoient au Jardin colonial en faisant connaître ceux qu'ils désirent recevoir.Chaque plante,expédiée dans un emballage et avec des soins variables suivant sa nature et son état de végétation, est inscrite sur un registre de départ.

Les travaux du Jardin colonial ont permis à certains produits végétaux de nos colonies de recevoir des applications industrielles très satisfaisantes, et à quelques fruits des mêmes contrées d'entrer dans la consommation.

École d'agriculture coloniale. — L'enseignement de l'École d'agriculture coloniale, donné par des spécialistes et s'adressant à des élèves ayant fait de sérieuses études agricoles, est essentiellement technique. Il comprend des cours théoriques d'amphithéâtre, des exercices pratiques de laboratoires et de cultures, des visites aux usines utilisant les produits coloniaux, et aux grands établissements de culture.

Le programme de ces cours est ainsi établi :

Principes généraux d'agriculture coloniale (professeur : M. Dybowski, inspecteur général de l'Agriculture coloniale, directeur du Jardin colonial).

Culture des plantes alimentaires (professeur : M. Chalot, ancien directeur du Jardin d'essais de Libreville, chef du service des cultures au Jardin colonial).

Botanique coloniale (professeur : M. Dubard, licencié ès sciences, chef du service botanique au Jardin colonial).

Technologie coloniale (professeur : M. Paul Ammann, ingénieur agronome, chef du service chimique au Jardin colonial).

Zootechnie coloniale(professeur: M. Malèvre, ingénieur agronome, professeur à l'Institut national agronomique).

Génie rural appliqué aux colonies (professeur : M. Max Ringelmann, membre de la Société nationale d'agriculture, professeur à l'Institut national agronomique, directeur de la Station d'essais de machines).

Pathologie végétale (professeur : M. le docteur Delacroix, directeur de la Station de pathologie végétale, maitre de conférences à l'Institut national agronomique).

Hygiène coloniale (professeur : M. le docteur A. Loir, ancien directeur de l'Institut Pasteur de Tunis).

Economie rurale appliquée aux colonies (professeur : M. Daniel Zolla, professeur à l'École nationale d'agriculture de Grignon et à l'École des sciences politiques).

Administration coloniale (professeur : M. You, professeur à l'École coloniale, sous-directeur au ministère des Colonies).

Matières premières coloniales (professeur : M. le docteur Heim, professeur agrégé d'histoire naturelle à la Faculté de médecine de Paris, chef de section au Conservatoire national des Arts et Métiers, docteur ès sciences; professeur suppléant: M. Lutz, docteur ès sciences, chef de travaux à l'École supérieure de pharmacie).

Des coloniaux de passage (fonctionnaires administratifs, agents de culture, colons, explorateurs) viennent quelquefois faire des conférences à l'École de Nogent. Ces conférences, annoncées par voie d'affiches, sont destinées aux élèves et au public qui sont admis sur la présentation d'une carte.

Un bulletin, intitulé : *l'Agriculture pratique des pays chauds*, organe officiel du Jardin colonial et des jardins d'essais des colonies, publie, chaque mois, d'intéressantes études sur les cultures tropicales.

Service de l'agriculture dans les colonies.— Les importants travaux du Jardin colonial ne pourraient donner de résultats véritablement utiles sans l'aide éclairée des agents de culture coloniaux. Les expériences scientifiques exécutées en France, doivent être l'objet dans les colonies, d'une application pratique, rigoureusement conforme aux instructions reçues de la métropole.

Pour coordonner tous ces travaux et les rendre profitables à l'agriculture coloniale, il fallait placer les divers services chargés de les exécuter sous une direction unique et donner une organisation stable aux jardins d'essais coloniaux.

Le 6 décembre 1905, sur le rapport du ministre des Colonies, le Président de la République rendait un décret portant organisation du personnel du service de l'agriculture dans les colonies.

Les collections envoyées par *Le Jardin colonial à l'Exposition de Marseille* étaient aussi intéressantes que complètes. Elles occupaient tout une salle du palais du ministère des Colonies.

De nombreux tableaux, fixés aux murs, montraient aux visiteurs les plantes et les fruits les plus utiles de nos colonies ainsi que les différents services du Jardin colonial. Les produits coloniaux les plus variés étaient disposés dans des vitrines verticales. Les plus riches collections étaient celles du caoutchouc, du coton, du cacao et du riz. Des vitrines horizontales renfermaient tous les documents publiés par l'établissement colonial agricole de Nogent (affiches de conférences, programme des cours, circulaires pour le prélèvement des échantillons de terre et de produits dans les colonies, *Bulletin de l'agriculture des pays chauds, Dépêche coloniale illustrée* consacrée au Jardin colonial, etc.)

Institut de médecine coloniale de Paris. — L'Institut de médecine coloniale annexé à la Faculté de médecine de Paris a été fondé le 13 mars 1902 par une délibération du Conseil de cette Faculté. Depuis deux années, M. le professeur Blanchard poursuivait la réalition de ce projet par des moyens variés, notamment avec le concours de l'Union coloniale française et par la publication de divers articles et brochures qui étaient exposés à Marseille. Un peu plus tard, le Conseil de l'Université de Paris instituait un diplôme de médecin colonial en faveur des élèves ayant subi avec succès l'examen de sortie.

L'Institut a pour but de donner aux médecins destinés à exercer leur art dans les pays chauds un complément d'instruction sur les questions capitales d'hygiène, de médecine, de parasitologie avec lesquelles ils se trouveront aux prises et dont la solution exige des connaissances scientifiques très spéciales.

Il reçoit, comme élèves, des docteurs français et étrangers, des internes des hôpitaux et des étudiants de cinquième année. La plupart des élèves sont des médecins civils; aussi l'Institut de médecine coloniale de Paris a-t-il une physionomie bien particulière et ne fait-il aucune concurrence aux institutions similaires de Marseille et de Bordeaux.

Chaque année, pendant les trois mois d'octobre, novembre et décembre, a lieu une session de cours et de travaux pratiques. La première session a eu lieu en 1902, la quatrième en 1905. Le nombre des élèves à chaque session est de 25 à 30, le personnel et les locaux ne permettant pas d'en admettre davantage; à l'une des sessions, on a compté jusqu'à 45 inscriptions; on a eu le regret de ne pouvoir en accepter un chiffre aussi élevé.

Les cours théoriques et les travaux pratiques se font dans divers laboratoires de la Faculté de médecine ; les cours cliniques se font à l'hôpital de l'Association des Dames françaises, 93, rue Michel-Ange, grâce à une convention intervenue entre l'association et M. le professeur Blanchard.

L'enseignement est ainsi distribué :

M. le professeur Roger : Technique bactériologique et hématologique, quinze leçons et exercices pratiques, au laboratoire de pathologie expérimentale et comparée ; M. le professeur Blanchard : Parasitologie, vingt-une leçons et exercices pratiques, au laboratoire de parasitologie ; M. le docteur R. Wurtz, agrégé, chargé de cours : 1° pathologie médicale exotique, vingt-sept leçons théoriques et exercices pratiques, au laboratoire d'hygiène ; 2° clinique médicale, à l'hôpital de l'Association des Dames françaises ; M. le professeur Le Dentu : Chirurgie des pays chauds, cinq à six leçons, à l'Hôtel-Dieu ; M. le professeur de Lapersonne : Maladies des yeux spéciales aux pays chauds, cinq à six leçons, à l'Hôtel-Dieu ; M. le professeur Gaucher : Maladies de la peau spéciales aux pays chauds, quatre leçons, à l'hopital Saint-Louis ; M. le professeur Chantemesse : Questions spéciales d'hygiène, quatre à cinq leçons, au laboratoire d'hygiène ; M. le docteur Jeanselme, agrégé : Complément du cours de clinique dermatologique, quatre à six leçons, à l'hôpital Beaujon.

Un tel programme correspond à tous les besoins ; les leçons de parasitologie sont, toutefois, en nombre insuffisant, vu l'extension considérable que prend d'une année à l'autre cette branche capitale de la médecine des pays chauds.

A chaque session, le professeur est obligé de faire de cinq à huit leçons supplémentaires sans lesquelles il lui serait impossible d'arriver au bout de son vaste programme. Il faut espérer qu'un tel état de choses ne durera pas et qu'une nouvelle répartition des matières ou une plus longue durée de la session permettra d'attribuer au cours de parasitologie la dizaine de leçons et d'exercices pratiques qui lui manquent actuellement.

D'après les statistiques établies par M. Blanchard, les étrangers, presque tous docteurs, qui recherchent le diplôme de médecin colonial de l'Université de Paris, représentent 50 pour 100 des élèves. On comprend tout l'intérêt de ce fait, au point de vue de l'influence française à l'étranger.

Quand aux médecins français, ils trouvent très facilement des emplois avantageux, soit dans diverses colonies (Indo-Chine, Mada-gascar, Afrique occidentale, Congo), soit auprès de diverses Compagnies de colonisation, qui réservent à juste titre leurs postes médicaux aux titulaires du diplôme de médecin colonial.

Tout récemment encore, le Gouverneur général de l'Indo-Chine créait une importante organisation sanitaire, dans les cadres de laquelle il offrait des avantages spéciaux aux possesseurs du diplôme délivré par l'une des trois écoles françaises de médecine coloniale.

L'Institut de médecine coloniale de Paris ne figurait pas à l'Expositiou de Marseille en nom collectif; il était représenté, à titre personnel, par son fondateur, c'est-à dire par M. le professeur Blanchard, directeur du laboratoire de parasitologie de la Faculté de médecine de Paris. Une part considérable de l'enseignement donné aux médecins coloniaux se fait dans ce laboratoire; voyons donc ce qu'il exposait et en quoi consiste son organisation; nous comprendrons l'importance, la précision et la vitalité de l'enseignement qui y est donné, ainsi que les ressources exceptionnelles qu'il présente à ses élèves.

L'exposition du laboratoire de parasitologie comprenait les objets suivants :

1° Huit grandes planches murales en couleur, comme spécimen de celles qui, à chaque leçon ou démonstration pratique, sont placées sous les yeux des élèves. Le laboratoire possède actuellement 775 planches de ce genre, pour la plupart d'une aussi remarquable exécution, et le nombre s'en accroît constamment. Il n'est pas un seul parasite, animal, champignon ou microbe, qui ne soit ainsi représenté sous tous les aspects de son évolution ou dans les lésions qu'il détermine.

Dans le même ordre d'idées, le laboratoire dispose également de 591 projections sur verre, et leur nombre va sans cesse en augmentant.

Toutes les planches murales sont faites au laboratoire, sous la direction du professeur; il en est de même pour la plupart des clichés à projections;

2° Divers cadres contenant le groupe photographique des élèves des différentes sessions de l'Institut de médecine coloniale;

3° Un cadre renfermant une photogravure commémorative d'un voyage fait par les élèves de la deuxième session, sous la conduite de

M. Blanchard, dans le but de visiter l'École de médecine tropicale de Londres. Cette gravure est la reproduction d'une très belle aquarelle faite par MM. Sambou et Terzi, l'un professeur et l'autre dessinateur à l'École de Londres ;

4° Un cadre contenant le programme et l'horaire des cours et des travaux pratiques de l'Institut de médecine tropicale ;

5° Un cadre contenant, à titre de spécimen, un feuille de présence des élèves au cours de parasitologie.

Aux murs étaient encore accrochés d'autres cadres ; il en sera question plus loin.

La vitrine réservée à l'Institut de médecine coloniale de Paris comprenait d'une part des préparations et collections, d'autre part des ouvrages imprimés dont voici l'indication sommaire.

Préparations et collections. — Ces pièces n'étaient exposées qu'à titre de spécimens prélevés au hasard parmi les très importantes collections du laboratoire. On y distinguait :

1° Un carton contenant une belle série de Tsétsés (Glossina) et autres Diptères suceurs de sang de l'Afrique tropicale.

Le laboratoire possède, dans cet ordre d'idées, des collections déjà très riches et qui vont chaque jour en s'enrichissant encore. L'importance des insectes suceurs de sang devient capitale en médecine des pays chauds ; on ne saurait donc trop approuver le soin que M. Blanchard donne à la constitution de semblables collections qui, bien déterminées, sont appelées à rendre aux médecins coloniaux les plus grands services ;

2° Un lot de *Stegomyia calopus* provenant de localités très diverses.

L'animal désigné sous ce nom est le moustique propagateur de la fièvre jaune. Il existe dans un très grand nombre de pays, même là où la fièvre jaune n'a encore jamais été constatée ; cette terrible maladie est donc capable de s'y répandre et, dès lors, il est de la plus haute importance pour le médecin colonial de bien connaître le redoutable insecte dont il s'agit.

Celui-ci était présenté comme spécimen de la riche collection de Moustiques, incontestablement la plus riche en Europe continentale, qui a été constituée par M. Blanchard et qui lui a fourni une partie des éléments de son grand ouvrage, aujourd'hui classique : *Les Moustiques, histoire naturelle et médicale* ;

3° Un fragment de foie d'Annamite parasité par l'*Opisthoschis sinensis* et ayant subi, du fait de ce parasite, des lésions très profondes ;

4° Des *Opisthoschis sinensis* extraits du foie précédent. Il en contenait, sans aucune exagération, beaucoup plus de dix mille. Ces parasites sont très fréquents en Extrême-Orient et causent une mortalité très élevée ;

5° Une *Filaria medinensis* et une série d'autres parasites ou de pièces *anatomo-pathologiques* concernant les maladies parasitaires des pays chauds ;

6° Un assez grand nombre de préparations microscopiques relatives aux mêmes maladies, notamment à la maladie du sommeil, à la bilharziose, à la filariose, au mycétome, etc.

Ces collections comprennent à ce jour 1.128 pièces diverses, dûment déterminées et cataloguées en triple (un livre d'entrée et deux systèmes de fiches).

Sur ce nombre considérable, 903 pièces appartiennent à la collection R. Blanchard ; les 225 autres se répartissent entre le vieux fond de la Faculté (85) et les collections Davaine (112) et Laboulbène (28).

Quelque élevé qu'il puisse paraître, ce chiffre ne comprend pas un très grand nombre de pièces récentes ou non encore déterminées et, par conséquent, non cataloguées. Il ne comprend pas non plus la collection Mégnin, qui vient d'être acquise tout récemment par le laboratoire et qui va lui apporter de très précieuses additions.

Il est bon d'ajouter que les 1.128 pièces susdites ne comprennent, sauf de très rares exceptions, ni les acariens, ni les insectes quelconques (Moustiques, Tabanides, Æstrides, Hémiptères, etc.) dont le laboratoire de parasitologie possède, nous l'avons déjà dit, de très belles séries.

Le laboratoire de parasitologie est donc en possession de collections considérables, qui servent à l'enseignement, et sont mises à la disposition des élèves. Ceux-ci trouvent là, au point de vue spécial de la parasitologie, des moyens de travail et d'étude vraiment incomparables.

Ouvrages imprimés. — Les importants ouvrages exposés par M. Blanchard méritent de nous arrêter ; de natures très diverses, ils témoignent d'une ligne de conduite générale et d'un but poursuivi avec persévérance.

Voici d'abord des articles parus dans le *Progrès Médical*, en 1900 et 1901, attirant pour la première fois l'attention du monde médica sur l'utilité de créer en France, au profit des médecins civils, un enseignement de la médecine des pays chauds.

Voici ensuite une brochure anonyme, mais écrite en entier par M. Blanchard, et publiée sous le couvert de l'Union coloniale française, dans le but de créer un mouvement d'opinion en faveur de la création d'un Institut de médecine coloniale à Paris. Cette brochure fut répandue à un très grand nombre d'exemplaires, mais la souscription projetée ne donna que des résultats très insuffisants. Par suite de cet échec de la souscription publique, M. Blanchard poursuivit seul son but, et il fut assez heureux pour le mener à sa réalisation finale, par des moyens dont nous rendent compte deux autres brochures.

En outre de la convention passée avec l'Association des Dames françaises, comme il a été dit plus haut, il est juste de dire ici quel appui précieux l'Institut en formation a trouvé auprès de M. Doumer, alors gouverneur général de l'Indo-Chine. Avec une générosité et une perspicacité auxquelles on ne saurait trop rendre hommage, M. Doumer comprit dans quelle mesure l'Institut pouvait aider à la création ou au développement des organisations médicales civiles dans nos diverses colonies, et il l'inscrivit au budget de l'Indo-Chine pour une somme de 30.000 francs. Son successeur a tenu à honneur de maintenir cette subvention.

Signalons encore, d'une façon toute spéciale, les *Archives de Parasitologie*, fondées et publiées par M. Blanchard. Ce périodique paraît depuis 1898, par volumes grand in-8° de 640 pages avec un très grand nombre de planches et de figures dans le texte ; il traite des questions les plus diverses, relatives aux maladies parasitaires. Dans le but de faire de ces *Archives* l'organe central des parasitologues et de leur assurer en même temps un caractère hautement scientifique, le professeur de Paris ne publie que des mémoires originaux, écrits dans l'une des cinq langues suivantes : allemand, anglais, espagnol, français et italien. Ses connaissances linguistiques étendues lui permettent de diriger avec succès un périodique aussi spécial. Le dixième volume est en cours de publication.

Nous avons eu sous les yeux la collection complète et nous louons fort sa haute tenue scientifique, qui s'allie sans peine à une forme artistique bien rare dans une publication de ce genre.

Dans un gros volume in-8° de plus de 750 pages, *Les Moustiques, histoire naturelle et médicale*, M. Blanchard donne une description complète et précise de tous les moustiques connus, de leurs mœurs et de leurs métamorphoses. Il consacre à leur étude médicale des chapitres très intéressants ; le rôle de ces insectes dans la propagation du paludisme, de la fièvre jaune, de la filariose, etc., est exposé de façon magistrale, ainsi que les moyens prophylactiques qui découlent des notions actuelles. Un tel livre est destiné à rendre les plus grands services dans les pays chauds.

Le compte-rendu de la section de médecine et d'hygiène du Congrès colonial de 1900 renferme les travaux de la 7e section (médecine et hygiène), dont M. le professeur Blanchard est président. Publié par ses soins, ce volume témoigne assez hautement de l'importance des travaux présentés à cette section. Au dernier Congrès (juin 1906), la section d'hygiène et de prophylaxie, puis celle de pharmacie et de matière médicale ont demandé spontanément à être réunies à la section de médecine et d'hygiène qui centralisera désormais toutes les questions afférentes aux sciences médicales.

École d'application du service de santé des troupes coloniales de Marseille. — C'est à l'initiative de M. le docteur Heckel que l'on doit la création récente à Marseille de l'École d'application du service de santé des troupes coloniales.

M. le docteur Reynaud, médecin en chef du corps de santé des colonies en retraite, chargé des cours d'hygiène coloniale à l'École de médecine et à l'Institut colonial, présenta, il y a quelques années, un très intéressant rapport sur un vœu relatif à l'installation de cette école. Ce document énumérait les diverses institutions qui font de Marseille le centre d'enseignement colonial le plus complet de France.

Les cours de l'Institut colonial, l'enseignement de l'École de médecine, les leçons pratiques du Jardin botanique et les leçons de choses fournies par le Musée colonial constituent, en effet, une véritable université coloniale. L'État devait assurer le bénéfice de ces précieuses ressources didactiques à ses fonctionnaires coloniaux.

Un décret du 11 juin 1901 réorganisant le corps des médecins coloniaux, l'a placé sous l'autorité du ministre de la Guerre et a prévu la création d'une École d'application où les médecins sortis de l'École de médecine navale de Bordeaux, avec le diplôme de docteur, viendrout se perfectionner dans les sciences nécessaires à leur spécialité.

Avec une logique saisissante, M. Reynaud indique les besoins que cette école doit satisfaire et l'enseignement qu'elle doit donner.

« Les matières de cet enseignement, dit le savant docteur, sont d'ordres divers comme les fonctions auxquelles sera appelé le médecin colonial militaire, — colonial plus encore que militaire.

« En premier lieu, il doit être apte à soigner des malades atteints d'affections tropicales, ce qu'il apprendra non pas tant dans des leçons théoriques, si savantes qu'elles soient, que dans des salles d'hôpital abondamment pourvues de malades exotiques des deux sexes, de tous les âges, de toutes provenances et professions, récemment arrivés, présentant encore le véritable cachet de l'affection primitive, confiés aux soins de praticiens experts. C'est le point essentiel.

« En second lieu, il doit être médecin militaire, c'est-à-dire apte aux exigences du service de santé, aux pratiques de la législation militaire, dans les corps de troupe, dans les hôpitaux coloniaux, en paix et en expédition, services qui diffèrent très notablement du service médical militaire dans la métropole.

« Mais de plus, le médecin colonial sera aussi un homme aux fonctions multiples, variables, successives ou simultanées, n'ayant, celles-là, rien de militaire, exigeant de sa part de la souplesse d'esprit, un jugement exercé en même temps qu'une initiative intacte et une individualité forte.

« Tour à tour, appelé à siéger comme hygiéniste et administrateur dans les conseils des gouvernements coloniaux, à expertiser comme médecin-légiste, à administrer des convois d'émigrants ou de malades sur des navires, appelé à diriger et à inspecter les services sanitaires des communes, chargé de diriger et d'appliquer la police sanitaire maritime, destiné à être éducateur d'auxiliaires indigènes et à propager la science française en même temps que notre civilisation bienfaisante, participant fréquemment à des missions scientifiques, le médecin militaire colonial est donc un élément important de colonisation plus encore qu'un simple médecin militaire étroitement hiérarchisé.

« Où peut-il acquérir ces connaissances multiples ? Où peut-il se préparer efficacement à ces fonctions variées de médecin instruit des maladies exotiques, de médecin sanitaire, de colonisateur, d'explorateur initié à l'histoire, aux mœurs, aux besoins des peuples parmi lesquels il doit vivre, aux ressources du pays qu'il doit habiter ? C'est évidemment dans une ville où il sera en contact journalier avec les coloniaux qui partent ou arrivent, dans un port où s'opèrent l'embarquement des troupes coloniales, le débarquement des convois de malades et l'examen journalier des aptitudes physiques exigées des fonctionnaires coloniaux ; là où sera possible l'étude d'un musée où sont rassemblées les collections complètes des produits coloniaux, et l'acquisition de connaissances coloniales encyclopédiques. C'est dans la pratique journalière du service sanitaire maritime tel qu'il fonctionne dans un grand port où la prophylaxie sanitaire est constamment en action avec un outillage complet ; c'est dans la fréquentation d'un hôpital où sont réunis des malades coloniaux en grand nombre.

« Après ce qui précède, il est évident que seule la ville de Marseille, avec les 28.000 fonctionnaires ou militaires coloniaux qui la traversent chaque année, avec les 300.000 passagers qui passent sur ses quais, avec ses hôpitaux recevant annuellement 1.800 malades coloniaux, avec son enseignement médical colonial en fonctions depuis deux ans et susceptible de nouveaux développements, avec son Institut colonial, avec son musée et son jardin botanique coloniaux, avec son lazaret et son important service sanitaire, présente un ensemble d'éléments d'instruction pratique qui n'a pas son égal en France.

« C'est de Marseille que sont partis les corps expéditionnaires envoyés au Tonkin, à Madagascar, au Dahomey, en Chine. C'est à Marseille qu'arrivent les convois de malades revenant de nos possessions d'outre-mer. C'est là, grâce au climat méditerranéen, que ces malades peuvent être traités efficacement. C'est là que les grandes maladies épidémiques exotiques viennent attaquer notre territoire et qu'on apprend le mieux à se défendre contre elles. C'est là seulement que le médecin colonial sera en contact journalier avec les choses et les gens de ces mondes nouveaux où il est appelé à vivre.

« C'est là que doit être l'École d'application des médecins militaires coloniaux.

« La ville de Marseille est prête à de nouveaux sacrifices, à de plus grandes libéralités pour arriver à cette solution dont l'État doit tirer les plus grands profits. »

M. Reynaud formule les conclusions suivantes : « Considérant que la ville de Marseille possède un enseignement médical colonial composé de cinq cours, en fonctionnement depuis deux ans, et un Institut colonial où sont enseignées depuis plus d'un an, dans huit chaires, toutes les matières utiles à l'instruction des médecins, des fonctionnaires et des colons ;

« Considérant que la ville de Marseille possède un musée et un jardin botanique coloniaux, pourvus d'innombrables collections ; qu'il existe dans ce port les éléments les plus complets d'enseignement pratique de la prophylaxie sanitaire maritime, du service médical à bord des navires-transports ; que l'enseignement clinique est assuré par un nombre considérable de malades variés ;

« Considérant que cette ville est le lieu de passage des fonctionnaires et militaires malades ou valides, revenant des colonies ; qu'elle est le siège d'une importante garnison et d'un grand hôpital militaire ; que tous les éléments d'instruction théorique et pratique nécessaires à des médecins militaires coloniaux s'y trouvent réunis ; que l'École de médecine est en droit de conférer le diplôme d'études coloniales comme sanction de cette instruction.

« Nous émettons le vœu que l'École d'application du Service de santé des troupes coloniales soit établie à Marseille. »

Ces conclusions, votées par l'assemblée de l'École de plein exercice de médecine et de pharmacie, furent transmises au Conseil de l'Université d'Aix-Marseille, qui les adopta et exprima un vœu conforme en faveur de la création à Marseille de l'École d'application du Service de santé colonial.

Ce vœu ne devait pas tarder à se réaliser : A la suite d'une convention passée entre le ministre de la Guerre et la municipalité de Marseille, un décret du 3 octobre 1905 créa dans cette ville l'École d'application de santé des troupes coloniales.

Ce décret indiquait que l'École était instituée pour donner aux médecins et pharmaciens aides-majors de 2me classe des troupes coloniales et aux médecins-pharmaciens stagiaires des troupes coloniales, l'instruction professionnelle spéciale, théorique et surtout pratique nécessaire pour remplir les obligations du service qui incombent au corps de santé des troupes coloniales en France et aux colonies.

Voici les principales stipulations relatives à l'organisation et au fonctionnement de l'École établies par le décret de 1905.

L'état-major de l'École comprend : Un médecin-inspecteur où principal de 1re classe, directeur ; un médecin principal de 1re ou de 2me classe, sous-directeur ; un médecin-major de 1re classe, major ; un officier d'administration de 1re ou de 2me classe du Service de santé, comptable du matériel et trésorier.

Les salles coloniales de l'hôpital militaire de Marseille servent d'hôpital d'instruction à l'École d'application.

Le directeur correspond avec le ministre pour toutes les affaires relatives à l'École ; il correspond directement avec le directeur du Service de santé du XVe corps d'armée pour les affaires relatives aux salles coloniales de l'hôpital militaire.

Le directeur de l'École adresse au général commandant des troupes coloniales tous les renseignements importants relatifs à l'hygiène et à la santé des militaires coloniaux traités à l'hôpital militaire. Le sous-directeur est aux ordres du directeur de l'École pour toutes les parties du service.

Il est chargé spécialement de la police, de la discipline et des questions de personnel ; il remplace le directeur absent. En cas d'absence, il est remplacé par le médecin le plus élevé en grade et le plus ancien dans le grade.

Les professeurs sont les médecins traitants des salles coloniales de l'hôpital militaire, assistés par les médecins-majors de deuxième classe ou aides-majors de première classe qui sont surveillants des études et remplissent en même temps les fonctions de chefs de clinique et de chefs de travaux.

Les matières du programme sont réparties comme il suit : 1º clinique interne et maladies des pays chauds ; 2º clinique externe, chirurgie d'armée et maladies spéciales ; 3º bactériologie, parasitologie, hygiène militaire et coloniale, prophylaxie des maladies tropicales, police sanitaire ; 4º anatomie chirurgicale, médecine opératoire, pansements et appareils ; 5º médecine légale, administration, service en France et aux colonies ; 6º chimie, toxicologie, pharmacie.

L'enseignement de l'École est complété suivant les besoins :

1º Par les cours professés à l'Institut colonial et à l'École de plein exercice de Marseille, et surtout par l'enseignement pratique donné dans les services de médecine, de chirurgie, d'accouchements et de maladies spéciales des hôpitaux de la ville ;

2º Par des conférences complémentaires faites par des professeurs pourvus d'une nomination ministérielle.

Chaque année, le directeur soumet à l'approbation du ministre, après avis du conseil de perfectionnement, la liste des cours de l'École de médecine et de l'Institut colonial, ainsi que celle des services des hôpitaux que devront suivre les élèves, et lui soumet dans les mêmes conditions la liste des professeurs qualifiés chargés des conférences.

Il est établi à l'École : 1° Un conseil de perfectionnement émettant des avis sur tous les sujets soumis à ses délibérations soit par le président, soit par l'un de ses membres dans l'intérêt des études ; 2° Un conseil d'administration chargé d'éclairer le directeur sur les questions de règlement, d'administration et de comptabilité ; 3° Un conseil de discipline à qui incombe l'application de toutes les mesures nécessaires au maintien de l'ordre.

Les cours durent du 1er février au 1er octobre.

Tout élève du service de santé des troupes coloniales reçu docteur en médecine ou pharmacien de première classe est admis de plein droit à l'École d'application.

Les autres candidats doivent remplir les conditions ci-après indiquées : 1° Etre nés ou naturalisés Français ; 2° avoir au moins de 32 ans au 1er janvier de l'année du concours ; 3° avoir été reconnus aptes à servir activement dans l'armée, en France et aux colonies. Cette aptitude est constatée par un certificat d'un médecin militaire du grade de médecin-major de deuxième classe au moins ; 4° souscrire un engagement de servir pendant six ans au moins dans le corps de santé des troupes coloniales, à partir de leur nomination au grade d'aide-major de deuxième classe.

Les épreuves à subir sont les suivantes :

I. — Pour les Docteurs en Médecine

1° Composition écrite sur un sujet de pathologie générale ; 2° examen clinique de deux malades atteints : l'un d'une affection médicale, l'autre d'une affection chirurgicale ; 3° épreuve de médecine opératoire précédée de la description de la région sur laquelle elle doit porter ; 4° interrogation sur l'hygiène.

II.— Pour les Pharmaciens de première classe

1° Composition écrite sur une question d'histoire naturelle des médicaments et de matière médicale ; 2° interrogations sur la

physique, la chimie, l'histoire naturelle et la pharmacie ; 3° préparation d'un ou plusieurs médicaments inscrits au codex, et détermination des substances diverses (minéraux usuels, drogues simples,
plantes sèches ou fraîches, médicaments composés) ; 4° épreuve
de chimie analytique : recherche des acides et des bases renfermés
dans deux ou plusieurs sels solides ou dissous.

Les demandes d'admission au concours doivent être adressées,
avec les pièces à l'appui, au Ministre de la Guerre (direction des
troupes coloniales, 3ᵉ bureau). Les pièces à fournir sont :

I. — Avant le Concours

1° Acte de naissance établi dans les formes prescrites par la loi ;
2° diplôme ou, à défaut, certificat de réception au grade de docteur en
médecine ou de pharmacien de première classe (cette pièce devra être
produite au plus tard le jour de l'ouverture des épreuves); 3° s'il y a
lieu, certificats dûment légalisés permettant de constater les titres qui
donnent droit à des majorations de points ; 4° certificat d'aptitude au
service militaire établi l'année du concours ; 5° certificat délivré par
le commandant du bureau de recrutement indiquant la situation du
candidat au point de vue du service militaire ou état signalétique des
services ; 6° indication du domicile.

II. — Après l'Admission

Engagement de servir pendant six ans au moins, au titre de
l'activité, dans le corps de santé des troupes coloniales, à partir de la
nomination d'aide-major de deuxième classe.

Les médecins et pharmaciens stagiaires reçoivent, au moment de
leur nomination, un brevet les liant au service dans les conditions du
paragraphe 1ᵉʳ de l'article 30 de la loi du 15 juillet 1889.

Les médecins et pharmaciens stagiaires suivent, pendant un an,
les cours de l'École d'application. Ils portent l'uniforme du corps de
santé des troupes coloniales avec les marques distinctives adoptées
pour les stagiaires du corps de santé métropolitain. Ils reçoivent la
solde afférente au grade d'aide-major stagiaire, et il leur est accordé
une première mise d'équipement de 575 francs réversible au Trésor
en cas de licenciement, démission, non obtention du grade d'aide-
major de deuxième classe ou non accomplissement de six années
effectives de service à partir de la nomination à ce grade.

Les stagiaires qui ont satisfait aux examens de sortie sont nommés médecins ou pharmaciens aides-majors de deuxième classe des troupes coloniales. Ceux qui n'ont pas satisfait aux dits examens sont licenciés.

L'École d'application se trouve à l'entrée du parc du Pharo, à proximité de l'École de médecine.

Institut de médecine coloniale de Bordeaux. — Le 17 mai 1901, M. Coyne, professeur à la Faculté de Bordeaux, présentait au Conseil de cette Faculté, au nom de la Commission de l'Enseignement, un rapport sur la nécessité de créer au chef-lieu de la Gironde un enseignement théorique et pratique destiné aux médecins coloniaux et de donner à cet enseignement une valeur officielle en lui attribuant un diplôme spécial d'Université.

Le rapporteur faisait ressortir les immenses services rendus à l'expansion coloniale par les Instituts de médecine tropicale de Liverpool, de Londres et de Hambourg dont les enseignements, suivis d'examens probatoires, préparent les médecins envoyés dans les colonies à remplir leur mission avec compétence.

Les cours de pathologie exotique devaient compléter les cours de l'Institut colonial de Bordeaux.

Le projet, comprenant trois parties : 1° un règlement universitaire en vue du diplôme de médecin colonial ; 2° un règlement relatif aux droits à percevoir; 3° un exposé des études et des enseignements à établir en vue du diplôme de médecin colonial, fut adopté à l'unanimité par le Conseil de la Faculté.

Le 21 mai 1901, ce Conseil instituait un diplôme de médecin colonial qui devait être délivré : 1° aux docteurs en médecine Français : médecins civils et militaires, médecins de la colonisation et des administrations coloniales, médecins d'émigration et médecins sanitaires maritimes, médecins des missions ; 2° aux étrangers pourvus du doctorat universitaire, mention : médecine ; 3° aux étrangers pourvus d'un diplôme médical dont l'équivalence avec le doctorat universitaire français, mention : médecine, aurait été admise par la Faculté de médecine et de pharmacie de Bordeaux.

Les aspirants à ce titre devaient se faire inscrire au secrétariat de la Faculté. La durée de la scolarité était fixée à trois mois. Un deuxième trimestre d'études pouvait être créé.

Les étudiants en médecine, pourvus de seize inscriptions, pouvaient être inscrits comme aspirants au diplôme de médecin colonial, mais le diplôme ne devait leur être délivré que lorsqu'ils auraient été reçus docteurs en médecine.

Les épreuves exigées pour l'obtention du diplôme étaient : 1° une épreuve clinique spécialement afférente à la pathologie exotique ; 2° une épreuve pratique sur les manipulations et démonstrations faites pendant la scolarité ; 3° un examen oral portant sur l'ensemble des matières enseignées en vue du diplôme.

Celui-ci était signé par les membres du jury et par le doyen de la Faculté mixte. Il était délivré, sous le sceau et au nom de l'Université de Bordeaux, par le président du Conseil de ladite Université. Ce règlement, approuvé par arrêté ministériel du 12 juillet 1901, fut mis à exécution à partir de l'année scolaire 1901-1902.

Le programme des études en vue du diplôme de médecin colonial est détaillé chaque année dans une affiche d'ensemble établie en assemblée de Faculté. Le jeudi de chaque semaine, la Commission scolaire arrête, pour la semaine suivante, le programme des cours, qui est porté à la connaissance des élèves le vendredi matin. L'enseignement comprend des études cliniques, des travaux pratiques et des leçons théoriques. Les études cliniques ont lieu à partir de 8 heures du matin dans les différents hôpitaux et établissements hospitaliers civils et militaires de Bordeaux. MM. les professeurs, médecins des hôpitaux et chefs de service font connaître par voie d'affiche les cas intéressants sur lesquels ils se proposent de faire une démonstration ou une leçon clinique.

Une consultation spéciale de pathologie exotique, où sont admis les passagers des paquebots, les malades envoyés par les compagnies de navigation, les marins et matelots du port, etc., est faite à Saint-Raphaël (annexe de la Faculté) par le professeur de pathologie exotique. Un service clinique de 30 lits est affecté aux maladies des pays chauds. Les travaux pratiques et les conférences afférentes à ces travaux ont lieu de 2 heures à 5 heures. Les leçons théoriques ont lieu tous les jours, de 5 heures à 6 heures du soir.

L'arrêté ministériel du 24 décembre 1902 a donné une sanction officielle de la plus haute importance aux études poursuivies dans les Instituts de médecine coloniale de Bordeaux, Paris, Marseille, en décidant que le diplôme de ces Instituts donnerait droit désormais à

L'Institut de médecine coloniale de Bordeaux a exposé, à Marseille (Palais du ministère des Colonies), une foule de documents se rapportant à l'organisation et au fonctionnement de l'Institut, et un grand nombre de thèses ayant pour objet l'étude des maladies des pays chauds.

CHAPITRE VIII

L'ENSEIGNEMENT COLONIAL A L'ÉTRANGER

Enseignement primaire

Angleterre. — Les institutions et les mœurs anglaises se prêtent admirablement à la colonisation. Toutes les classes de la société, si distinctes dans cette contrée, font cause commune avec le gouvernement et le soutiennent avec énergie dans les campagnes qu'il juge nécessaire d'entreprendre pour assurer la grandeur et la prospérité de son lointain empire. Il est peu de pays où l'esprit colonial soit aussi développé. La plupart des familles anglaises ont un ou plusieurs de leurs membres aux colonies. Les relations de parenté, d'amitié ou d'affaires qui se nouent entre les colons et leurs concitoyens restés dans la métropole contribuent à développer le goût des entreprises lointaines.

D'importantes institutions : l'Imperial Institute, l'Emigrant's information office, etc., largement ouverts au public, offrent un enseignement permanent des choses d'outre-mer. Elles répandent dans tous les milieux des notices donnant, sur chaque colonie, les renseignements utiles les plus complets.

Cette éducation pratique, pénétrant dans toutes les classes de la nation, provoque un grand nombre de vocations coloniales, donne à chacun une connaissance exacte des pays lointains et procure aux colons tous les renseignements utiles à leurs professions.

Le gouvernement anglais seconde de tout son pouvoir le développement de l'enseignement colonial dans les écoles primaires du royaume, et accorde son aide morale et pécuniaire aux nombreuses écoles, fondées par l'initiative privée pour fournir aux colonies des jeunes gens instruits et laborieux.

La plupart des grandes villes anglaises possèdent une ou plusieurs écoles coloniales pratiques. La « Children's Aid Society », de Londres, fondée en 1890, donne une première instruction à ses élèves et les envoie à la maison de réception de l'Association à Winipeg (Canada). Créée à Bonner Road (Londres), il y a 36 ans, pour aider les enfants pauvres et orphelins à recevoir une éducation coloniale et à se faire une situation dans les colonies, la « Children's Home and Orphanage » a de nombreuses succursales.

Les enfants recrutés par la « Church of England Incorporated Society for providing homes for Waifs and Strays » de Londres sont envoyés directement à Gibbs Home (Québec), au Niagara et à Antario où ils reçoivent une instruction professionnelle.

Liverpool possède la « Catholic Emigrating Association » et la « Sheltering Home ». La première envoie ses élèves à sa succursale de Montréal (Canada), où ils reçoivent chaque année la visite d'un inspecteur de l'Association. La seconde reçoit des orphelins de 10 à 15 ans et des orphelins de 4 à 15 ans, leur donne une bonne instruction élémentaire et une éducation pratique, propre au genre de vie au Canada. Les jeunes filles se forment aux travaux domestiques : lavage, coupe, couture, service dans les maisons de maîtres, repassage. Les garçons apprennent les cultures et les soins à donner aux animaux. Une grande vacherie se trouve dans l'établissement.

La « Children's Emigration Homes » de Birminghan, fondée en 1872, et la « Children's Home » de Bristol préparent les enfants au métier de colon et les envoient dans les fermes coloniales où elles les font visiter par des inspecteurs.

On peut encore citer parmi les nombreuses écoles coloniales pratiques anglaises, la « Fegan's Homes », la « Miss Macpherson's Home of industry », la « National Incorporated Association for the Reclamation of Destitute Waif Children » de Londres ; la « Manchester and Salford Boys' and Girls' Refuges and Homes and Children's Aid Society » de Manchester qui possèdent de nombreuses succursales ou maisons de distribution aux colonies.

Hollande. — Les Pays-Bas possèdent un magnifique domaine colonial en Insulinde. De sages mesures administratives et économiques, adoptées dès le début de la prise de possession de ce pays, lui ont donné une prospérité toujours grandissante.

Les plantations, les jardins d'essais, les musées et établissements d'instruction de Batavia et autres villes hollandaises de la Malaisie sont dignes d'être imités.

Ces belles possessions ont fait depuis longtemps la fortune de la métropole. Tous les Hollandais le savent, et chacun d'eux possède sur les choses des colonies des connaissances très développées. Le gouvernement néerlandais, de son côté, ne néglige rien pour répandre l'enseignement colonial dans les établissements d'instruction.

Dans son programme d'enseignement colonial primaire M. le docteur Heckel a cité, comme exemple d'éducation coloniale pratique, les dispositions prises en Hollande pour faire pénétrer l'esprit colonial dans les écoles primaires.

Le Musée de Haarlem a pris l'initiative d'une ingénieuse propagande en envoyant dans les écoles primaires des collections photographiques, des « schoolalbums », sur les produits et les travaux coloniaux, de petites notices et des collections de produits.

Les photographies, groupées en séries de douze, contiennent, d'un côté la reproduction d'un produit animal, végétal ou minéral, d'une exploitation agricole ou industrielle, d'un atelier, etc., etc.; de l'autre, l'explication courte et claire de l'objet reproduit.

Le gouvernement donne chaque année une somme de 1.500 francs pour l'envoi des photographies, notices et collections dans toutes les écoles du royaume. A l'aide de ces précieux documents, les maîtres peuvent donner un enseignement colonial élémentaire qui se complète par des devoirs scolaires (dictées, problèmes, compositions), pris sur des sujets coloniaux.

Les pouvoirs publics, les sociétés scientifiques font les plus louables efforts pour encourager et développer l'éducation coloniale populaire, espoir de la vaillante et laborieuse nation qui a su créer, dans les mers lointaines, un des plus beaux domaines coloniaux du monde.

Belgique. — Sur l'initiative de l'actif et habile roi des Belges Léopold Ier, un État immense et prospère s'est fondé, en quelques années, au cœur de l'Afrique. On connaît les débuts de cette Association internationale d'Afrique créée pour exploiter les richesses de la vallée du Congo.

Un explorateur de génie, Stanley, entré au service de l'Association, partit de la côte orientale d'Afrique et suivit le Congo depuis sa source jusqu'à son embouchure. L'expédition de l'explorateur américain valut à l'Association internationale les vastes territoires qui longent la rive gauche du Congo.

La conférence réunie à Berlin le 26 février 1885 sous la présidence de M. de Bismarck, pour régler les affaires de l'Afrique équatoriale, reconnut les acquisitions nouvelles de l'Association internationale qui prit le nom d'État indépendant du Congo, sous la souveraineté du roi des Belges.

Ce nouvel État africain est en réalité une grande et belle colonie belge. La Belgique tout entière soutient énergiquement son roi dans sa brillante et fructueuse entreprise africaine. Le nom d'État indépendant du Congo est d'ailleurs aujourd'hui communément remplacé par celui de Congo belge ; ce qui indique une association étroite entre le peuple et le souverain dans les affaires d'Afrique.

De nombreuses sociétés se sont fondées en Belgique pour faire connaitre la grande colonie congolaise.

Le musée colonial de Tervueren, trop étroit pour contenir les riches collections des curiosités et produits du Congo, doit être incessamment l'objet d'agrandissements qui en feront un des plus beaux musées coloniaux du monde.

L'enseignement colonial est depuis longtemps répandu dans les écoles de tous ordres en Belgique. L'organisation d'écoles coloniales professionnelles, projetée depuis quelques années, ne tardera pas à se réaliser.

En 1892 la Société d'Études coloniales, sur l'initiative du général Donny, créa une école spéciale pour les sous-officiers et les candidats aux emplois civils de l'État-Indépendant. Cette institution fonctionnait depuis deux ans, lorsque de graves événements survenus au Congo obligèrent le roi à demander le concours des sous-officiers qui formaient la totalité du contingent des élèves pour renforcer le corps d'occupation de la colonie.

Les cours furent ainsi suspendus. Ils viennent d'être réorganisés par le gouvernement.

Les cours coloniaux du Congo sont destinés aux officiers, aux sous-officiers et commis qui désirent prendre du service dans la colonie.

Le programme des cours des sous-officiers et commis s'attache à former des militaires capables de commander à des noirs et des comptables compétents. Il comprend la géographie, l'hygiène, les notions juridiques, les règlements et organisation de la force publique, les devoirs des agents, etc., l'agriculture et la comptabilité.

Il y a une leçon le matin et une l'après-midi. Chacune de ces leçons est suivie d'une étude d'une heure et demie. Les séances d'études sont surveillées par le professeur qui a donné la leçon. Celui ci peut interroger pendant les heures d'études.

Pendant les cours, les candidats subissent des interrogations et, à la fin du cours, le professeur leur fait passer un examen sur l'ensemble des leçons.

Un professeur est chargé de diriger les détails du service du cours colonial, d'après les instructions du secrétaire général. Il modifie, s'il y a lieu, la distribution des leçons, propose les mesures disciplinaires ou autres à prendre pour la bonne marche des leçons, etc. Il établit les côtes d'ensemble sur un état qui est vérifié et signé par tous les professeurs.

L'enseignement colonial dans les divers degrés de l'enseignement général a été inscrit en tête des études soumises aux délibérations du Congrès international d'expansion économique mondiale tenu à Mons en 1905.

Le substantiel rapport présenté sur cette question par M. de Vildeman, conservateur au jardin botanique, professeur au cours colonial de l'École d'horticulture de Vilvorde, au Congrès international d'expansion économique de Mons en 1905, signale l'insuffisance de l'enseignement colonial dans les écoles belges et réclame l'introduction de cette matière dans les programmes des écoles primaires, des écoles moyennes et des universités. Laissons à M. de Vildeman le soin de nous faire connaitre lui-même ses idées sur cette intéressante question. « C'est, dit-il, dès le début de l'enseignement qu'il faut introduire l'enseignement colonial économique. On nous objectera peut-être qu'introduire l'enseignement colonial, même sous une forme très mitigée, dès l'enseignement primaire, aura pour résultat de former des hommes spécialisés dans une matière qui pour beaucoup d'entre eux sera inutile.

« Loin de nous est l'idée de faire uniquement des coloniaux, mais notre désir est de former des hommes dans la plus large acception du

mot, des hommes qui, quelle que soit la société à laquelle ils appartiennent, soient capables de comprendre la valeur d'une colonie, ce
que sont l'expansion mondiale et le développement économique d'une
nation.

« Pour arriver à ce résultat, il faut, estimons-nous, habituer dès
le début les hommes à des questions qui peuvent paraître ardues à
plusieurs d'entre nous, justement par le fait que nous avons dû nous
les assimiler tardivement.

« Il n'est naturellement pas nécessaire d'établir, dans les écoles
de tous les degrés, un enseignement colonial développé et spécialisé;
il en résulterait une surcharge du programme, en général déjà beaucoup trop compliqué ; mais si l'on admet actuellement, avec très
grande raison, la nécessité d'enseigner, à toutes les catégories d'élèves,
les sciences naturelles, pourquoi se refuserait-ou à leur enseigner les
éléments des sciences coloniales qui sont, pour la plupart, des sciences
naturelles appliquées, des sciences économiques dans la plus pure
acception du mot, des sciences dont l'utilité pratique est certainement
bien plus considérable que celle des sciences naturelles proprement
dites.

« N'est-il pas, en effet, tout aussi utile, pour ne pas dire plus utile,
de donner à nos enfants des idées de plus en plus précises sur la provenance des matières, telles que le café, le cacao, le caoutchouc,
l'ivoire, que de leur faire apprendre avec force détails, comme le
prescrivent les programmes, les caractères de diverses familles végétales et animales et souvent de groupes d'animaux ou de végétaux,
dont l'enfant n'aura jamais, plus tard, l'occasion de voir de près un
représentant.

« C'est à l'enseignement des sciences naturelles ainsi compris que
pourrait s'adresser le reproche d'inutilité.

. « Les produits coloniaux, au contraire, constituent un des éléments
du commerce général et des échanges entre les pays neufs et notre
vieille Europe; ils sont toujours entre nos mains, et il est vraiment
malheureux de rencontrer actuellement encore de nombreuses per-
sones qui, tout en possédant une instruction relativement étendue,
ignorent l'origine de certaines substances qu'elles manipulent journellement. Nous avons même rencontré des coloniaux chargés
d'exploitations importantes, ne connaissant pas les principes élémentaires de la préparation des produits qu'ils désiraient cultiver en

grand. Ce néfaste état de choses est-il à reporter uniquement au passif de ces agents coloniaux? Comment auraient-ils pu s'initier à ces données? Le plus grand nombre n'a pas eu l'occasion de profiter d'un enseignement spécial, à peine ébauché chez nous, très peu connu et encore peu suivi. En outre, il est bien rare que, dans l'enseignement inférieur ou moyen, l'initiative du maitre ait fait mention, pendant la durée des études, de quelques données relatives à de grands produits coloniaux.

« En donnant une importance relative à l'enseignement colonial élémentaire dès l'école primaire, ou modifiera dans une grande mesure, nous en sommes persuadé, la direction de l'esprit des enfants, on augmentera leur énergie, leur volonté, leur désir d'apprendre et l'on donnera, peut-être, à beaucoup d'entre eux, le goût de quitter la mère-patrie pour porter au loin leur activité et créer des débouchés nouveaux pour le commerce du pays.

« Comment, dès l'école primaire, peut-on introduire un tel enseignement ?

« Le moyen le plus rationnel et le plus simple nous paraît être la leçon de choses, la causerie et surtout la projection lumineuse par laquelle l'instituteur aura l'occasion d'attirer l'attention sur une masse de petits détails historiques, géographiques ou de sciences naturelles qui se fixeront beaucoup plus facilement dans le cerveau et seront mieux retenus par l'élève que s'ils avaient été exposés oralement. »

Passant de l'enseignement élémentaire aux enseignements moyen et supérieur, M. de Vildeman donne les moyens d'introduire les notions coloniales dans ces divers enseignements.

La surcharge des programmes ne lui paraît pas un obstacle insurmontable.

« Il faut, dit-il, arriver à éliminer des programmes de toutes nos écoles les notions inutiles ou superflues, pour enseigner uniquement les branches utiles et pratiques et encore les enseigner rationnellement sans fatiguer la mémoire des jeunes gens et en les forçant à réfléchir, à tirer eux-mêmes les conclusions qui se dégagent naturellement de l'exposé. »

La question la plus grave, d'après M. de Vildeman, est celle de la formation des maîtres chargés de donner l'enseignement colonial. Pour la résoudre, il propose la création de cours coloniaux dans les Écoles normales et dans les Universités.

C'est par l'enseignement supérieur que devrait commencer cette réorganisation complète de tout l'enseignement.

« L'Université, dit M. de Vildeman, doit former les professeurs des cours normaux chargés, à leur tour, de préparer les professeurs de l'enseignement des degrés inférieurs. La réorganisation ne peut donc se faire que de haut en bas, c'est le seul moyen d'éviter de longs tâtonnements et des périodes transitoires d'enseignement mal définis. Le choix des professeurs de l'enseignement mondial et colonial supérieur devra être particulièrement judicieux si l'on veut obtenir de cet enseignement tout ce qu'il peut donner; il est de nécessité absolue de s'adresser à des spécialistes. »

Enseignement supérieur

Angleterre. — Si l'enseignement colonial supérieur n'est pas encore organisé officiellement en Angleterre, il n'en existe pas moins sous forme de cours isolés dans diverses institutions.

Dans quelques universités, les professeurs font des « lectures coloniales » ; dans d'autres, ils enseignent les langues orientales : hindoustani, bengali, tamoul, mahratte, birman, etc.

Le « Royal Kew Gardens » de Londres, appelé quelquefois « Université de Jardinage », donne une haute culture agricole coloniale et publie le « Bulletin of Miscellaneous information » qui donne des renseignements complets sur l'agriculture coloniale.

Un mouvement se manifeste depuis quelques années en Angleterre dans le but d'y organiser un enseignement colonial systématique. Des tentatives très intéressantes ont été faites dans ce sens par diverses sociétés qui ont apporté à la réalisation de leurs idées une expérience consommée des affaires coloniales et une grande générosité.

La société de l'Institut colonial de Londres, qui ne compte pas moins de 800 membres, propage les connaissances coloniales en organisant des conférences qui sont faites tous les quinze jours par des administrateurs coloniaux ou des colons. Le compte-rendu imprimé de ces conférences est distribué au public.

Les offices coloniaux anglais rendent de très grands services aux étudiants et aux colons. Ces institutions ont reçu une vigoureuse impulsion sous l'administration de l'ancien grand ministre des colonies M. Chamberlain.

L'« Imperial Institute », fondé par souscription nationale à l'occasion du jubilé de la reine Victoria, possède des laboratoires de recherches admirablement outillés, dont les travaux sont affichés et communiqués par des notes particulières à tous ceux qui le désirent. Il contient, en outre des collections de produits coloniaux naturels et manufacturés, une bibliothèque où sont réunies toutes les publications et les cartes coloniales. Cet important établissement, dépendant du « Board of Trade » (ministère du Commerce), a pour but de faire connaître les ressources naturelles et industrielles des colonies, de faire des recherches techniques et scientifiques pour l'utilisation des matières coloniales et de fournir les informations concernant les colonies.

L'« Emigrant's Information office » fournit depuis plus de vingt ans de précieux renseignements aux émigrants, principalement à ceux qui désirent s'établir au Canada, en Australie et au Cap. Cette institution emploie divers moyens pour répandre ses informations dans le public : publications, affiches, circulaires, etc.

L'affiche joue le principal rôle. Apposée dans les bureaux de postes et renouvellée tous les trois mois, elle donne le sommaire des renseignements contenus dans les notices et les publications de l'office.

Les notices les plus intéressantes publiées par l'« Emigrant's Information office » sont : les Handbooks ou monographies des colonies britanniques ; le « Professionnel handbook » qui sert de guide à ceux qui veulent s'établir dans les pays extérieurs autres que les colonies ; le « Bulletin of the Imperial Institute » où se trouve résumée l'œuvre de l'Institut et qui fait connaître les produits nouveaux des colonies et leur utilisation industrielle.

L'Angleterre est encore redevable à l'initiative privée des merveilleux instituts de médecine tropicale de Londres et de Liverpool.

L'École de médecine tropicale de Londres (London school of tropicale Medicine), fondée en 1899 et annexée à la Société de l'Hôpital des Marins (Seamen's Hospital Society), occupe actuellement les locaux du Branch Hospital, de son vrai nom Royal and Albert Docks Hospital.

Cette école de haute science médicale coloniale s'attache spécialement à l'étude de la pathologie, de l'hygiène, de la parasitologie des colonies et donne des instructions précises et complètes sur les conditions de la vie, l'acclimatement, les eaux, le sol, la nourriture et l'hygiène des villes et des plantations, etc. Cet enseignement théorique est suivi d'exercices pratiques très variés.

L'École des maladies tropicales et de parasitologie animale de Liverpool (Liverpool school tropical Diseases and animal Parasitology), d'abord installée au Royal Southern Hospital, aujourd'hui annexée au Marykingshy Memorial Hospital, est réservée au traitement des maladies coloniales.

Aux cours théoriques de médecine tropicale qui sont la base de son enseignement, cette école ajoute des cours spéciaux pour les missionnaires, les planteurs, les voyageurs, les gardes-malades, etc. Les écoles de Londres et de Liverpool, admirablement organisées, donnent un enseignement médical scientifique et pratique remarquable.

Allemagne. — L'empire germanique, un des plus jeunes États colonisateurs d'Europe, prend une part très active à la solution des intéressants problèmes que soulève de nos jours la question coloniale.

Profitant de l'expérience lentement et péniblement acquise chez d'autres peuples, l'enseignement colonial allemand a pu éviter bien des écoles et arriver rapidement à une organisation définitive.

Cet enseignement colonial complet existe du moins à l'Institut de Berlin ou Académie des études orientales (Seminar für orientalische Sprachen).

Fondé en 1887 sur le modèle de l'École des Langues orientales vivantes de Paris, l'Institut de Berlin enseigne les langues orientales et africaines, la géographie, l'histoire contemporaine et la civilisation des pays orientaux, la géographie des colonies allemandes de l'Afrique orientale et occidentale, l'histoire politique et de découverte scientifique de l'Afrique, l'ethnographie du Soudan, l'hygiène tropicale, la législation et la botanique coloniales, le droit colonial allemand.

Des exercices pratiques de détermination des points géographiques et astronomiques complètent cet enseignement colonial théorique, le mieux organisé de toute l'Europe.

L'Université de Berlin, en empruntant les collections scientifiques du musée ethnographique (Muséum für Volkerkunde), peut donner un enseignement très développé d'ethnographie coloniale.

Dans les autres universités, les cours coloniaux ne sont pas organisés, mais les professeurs réservent, dans leur enseignement, une large place à la science coloniale : géographie, histoire, droit, etc.

L'opinion publique allemande, vivement intéressée aux choses d'outre-mer, serait très satisfaite de voir se développer les chaires de géographie coloniale et de droit colonial pratique.

Le « Seemannkrankenhaus » de Hambourg, inauguré en 1900, poursuit le même but que les instituts de médecine tropicale de Londres et de Liverpool.

Sur l'initiative du docteur Nocht, une salle spéciale fut réservée, en 1895, à l'hôpital de Hambourg, aux maladies tropicales. C'est là que furent soignés les malades qui arrivaient des pays chauds dans le grand port de commerce allemand. Ce fut l'origine de l'Institut colonial médical qu'une entente entre l'État et la Municipalité de Hambourg a permis d'organiser définitivement.

Les cours théoriques et pratiques de pathologie exotique et d'hygiène tropicale donnés dans cette école sont suivis par les médecins des troupes allemandes dans les pays de protectorat, les médecins du corps de santé des colonies, les médecins de la marine du commerce et de la marine de guerre.

La « Deutsche Kolonial Gesellschaft », de Berlin, vaste association fondée dans un but de propagande coloniale, organise des cours et des conférences dans toute l'Allemagne. Elle couronnera cet enseignement en 1907 par l'organisation d'une Exposition coloniale à Berlin dont elle prépare en ce moment les éléments, imitant ainsi l'exemple donné à Marseille, en 1906, à l'instigation du docteur Heckel. Les « Kolonial Wirtfchaftlichen Komitees » (comités économiques coloniaux), qui reçoivent leur principale impulsion du professeur Warburg, ont pour but de mettre en valeur les colonies germaniques.

Plusieurs missions envoyées dans les colonies pour connaître leurs ressources spéciales, furent organisées par ces comités qui font une active propagande coloniale au moyen de nombreuses publications. Parmi celles-ci, il faut citer surtout la « Tropenpflanzer » (le planteur des tropiques).

Les professeurs Engler et Warburg font des cours sur les produits coloniaux et les cultures tropicales aux jeunes gens qui se destinent aux colonies à l'Institut botanique de Dahlem où s'ouvrira bientôt un laboratoire pour l'instruction théorique et pratique des agents coloniaux. Cet Institut possède des herbiers, des bibliothèques, des musées, des collections vivantes, des laboratoires de toutes sortes qui en font un des principaux établissements botaniques du monde.

Il a pour complément le « Botanische Centralstelle für die deutschen kolonien » (station centrale botanique pour les colonies allemandes), qui est un office d'information sur le travail expérimental dans les pays tropicaux, et possède des serres où sont soignées et cultivées durant un certain temps les plantes destinées aux jardins des colonies.

Dans le voisinage de Kassel, à Witzenhausen, en 1896 fut créée une école coloniale, la « Deutsche kolonialschule », qui reçoit les jeunes gens appartenant à la petite bourgeoisie : des fils d'employés, d'officiers, de pasteurs, d'instituteurs, de commerçants et qui donne un enseignement agricole colonial, scientifique et pratique.

Les jeunes gens ayant terminé leurs cours de deux ou de trois ans n'ont pas besoin de faire d'autres travaux pratiques dans les jardins botaniques et coloniaux. La plupart d'entre eux, leur instruction terminée, vont immédiatement dans les colonies près des planteurs pour étudier la pratique du lieu. Un certain nombre trouvent aussi des emplois dans les colonies et pays étrangers, et plus spécialement en Argentine, au Brésil et au Mexique.

Belgique. — Le succès de la colonisation belge en Afrique occidentale a développé, chez les sujets du roi Léopold, l'initiateur de la brillante entreprise congolaise, le goût des affaires coloniales.

Sans faire l'objet d'une organisation méthodique et complète, l'enseignement colonial est largement répandu en Belgique : universités de l'État, universités libres, sociétés coloniales, sociétés de géographie, écoles commerciales mettent une louable émulation à faire connaître les colonies et particulièrement le Congo.

Les arrêtés royaux, qui ont réglementé l'enseignement des sciences commerciales, consulaires et coloniales, ont créé des cours de législation, de géographie et d'hygiène coloniales aux universités de Liège, de Gand et de Bruxelles. Dans cette dernière université, l'enseignement colonial embrasse la colonisation, la politique coloniale et les maladies des pays chauds.

La villa de Watermael, ouverte aux malades et aux convalescents de l'État Indépendant du Congo, offre à l'étude des maladies tropicales un merveilleux champ d'expérience.

Les élèves de l'École des sciences politiques et sociales, ceux de l'École de commerce reçoivent des notions de colonisation et de politique coloniale.

Une réforme ayant pour objet la création d'une section de sciences coloniales dans les diverses facultés officielles est à l'étude.

L'Université de Louvain possède, depuis 1889, un cours libre de colonisation traitant les matières suivantes : histoire des systèmes de colonisation, étude de l'Acte général de Berlin, exposé des origines et de l'organisation de l'État Indépendant du Congo; langue chinoise.

L'Ecole des sciences politiques et sociales de la même ville a inscrit, à partir de 1902, dans le programme de ses cours, le « Régime colonial comparé » qui comprend un aperçu général de la colonisation, la colonisation au xixᵉ siècle, l'empire colonial de l'Angleterre, l'État Indépendant du Congo.

L'École des sciences commerciales et consulaires de Louvain a créé un cours ayant pour titre : « Régime commercial des colonies. »

Institut d'Anvers. — Un arrêté ministériel du 12 janvier 1897 a ajouté une troisième année d'études aux deux années suivies, jusqu'alors, à l'Institut d'Anvers par les candidats à la licence ès-sciences commerciales et consulaires. Un autre arrêté du 11 novembre 1901 a réglementé définitivement cette nouvelle branche d'études qui comprend une section consulaire et une section coloniale.

Certains cours sont communs aux deux sections, d'autres sont spéciaux à chacune d'elles.

Les cours communs ont pour objet : la comptabilité agricole et commerciale, le droit, l'organisation et l'administration de l'État du Congo, la géographie commerciale du Congo, de l'Extrême-Orient, des colonies, pays de protectorat et sphères d'influence de l'Afrique, la législation et l'économie sociales.

Les cours spéciaux à la section coloniale portent sur : 1° les transports et les constructions coloniales : chemins de fer à voie étroite, navigation fluviale, construction des habitations dans les pays coloniaux ; 2° l'hygiène coloniale professée par un médecin expérimenté dans les choses d'Afrique ; 3° les cultures et les productions coloniales.

Les élèves de la section doivent, en sus de l'étude des langues étrangères communes aux deux sections, subir un examen portant sur le portugais, le chinois, ou sur la langue commerciale congolaise. L'enseignement des trois langues est organisé dans l'Institut.

Cercle d'études coloniales d'Anvers. — Cette association a organisé des conférences qui sont un heureux prolongement de l'enseignement donné à l'Institut. Le programme de ces conférences, vaste et varié, embrasse les matières suivantes : hygiène coloniale, langue bengala, géographie de l'État Indépendant du Congo, cultures et productions coloniales, colonies anglaises, compagnie à charte en Mozambique, colonies françaises, colonies hollandaises, neutralité de la Belgique et le Congo, cacao, lutte contre la malaria, caoutchouc congolais, etc.

Cours du Congo. — L'enseignement organisé en 1895 par la Société d'études coloniales de Bruxelles, devait fournir aux officiers du corps d'occupation du Congo et aux colons des notions de géographie, de cartologie, de minéralogie, de botanique, d'agriculture, de médecine et de chirurgie élémentaires, de construction coloniale, de droit du Congo, des renseignements pratiques.

Repris après plusieurs années d'interruption, ces cours s'adressent aujourd'hui aux officiers, sous-officiers et commis qui désirent se faire une situation au Congo.

Le programme des cours ouverts aux officiers comprend les matières suivantes : histoire de l'État Indépendant ; organisation politique et organisation économique, relations avec les indigènes, géographie, flore et faune, notions juridiques, organisation militaire, tactique et règlements militaires, administration et comptabilité, service des transports, agriculture et industrie, formation des collections, domaine privé, notions d'hygiène, de médecine et de chirurgie coloniales.

Les cours du Congo forment par leur ensemble une école coloniale professionnelle supérieure et primaire destinée à former des fonctionnaires et d'employés coloniaux.

L'initiative de la Société d'études coloniales a été imitée par le Cercle privé d'études coloniales qui a organisé des conférences publiques sur des sujets coloniaux.

École d'agriculture de Vilvorde. — Un enseignement théorique et pratique a été inscrit au programme d'études de l'École d'horticulture et d'agriculture de Vilvorde par arrêté royal du 1er août 1899.

Il comprend : 1e l'hygiène coloniale ; 2o une revue générale et pratique agricole ; 3o l'agriculture, l'horticulture et la botanique coloniales ; 4o l'étude des cultures spéciales ; cultures vivrières indigènes, culture potagère, culture des arbres et arbustes fruitiers, culture des plantes économiques, plantes textiles, plantes oléifères, tinctoriales, condimentaires, pharmaceutiques et fourragères ; 5o les plantes à caoutchouc et leur culture ; 6o la zootechnie ; 7o des notions de géographie, de chimie et de géologie.

Le personnel agricole de l'État du Congo, composé de chefs de culture, d'agents forestiers, d'horticulteurs et d'éleveurs, reçoit des leçons spéciales de botanique et d'agriculture et des instructions inhérentes à la préparation commerciale des produits. Il est obligé de fréquenter le Jardin colonial de Laeken, près de Bruxelles, qui a pour objet principal de pourvoir de plantes les cultivateurs congolais, Avant d'entrer en service, ces agents doivent faire un mois de pratique au Jardin botanique de Eale, ou dans un grand centre agricole.

Institut commercial des industriels du Hainaut à Mons. — Poursuivant un autre but que celui de l'Institut d'Anvers, l'Institut commercial de Mons se propose de développer chez les jeunes gens désireux de s'expatrier les qualités d'énergie, d'endurance, d'initiative et de dextérité qui les rendront aptes à se tirer d'affaire dans tous les milieux.

Ce programme réserve une place importante aux exercices physiques : gymnastique, boxe, escrime au fleuret et à la rapière, natation, équitation, exercices à feu, sports.

Deux ateliers sont réservés aux travaux manuels. Les élèves, munis d'un banc ou étal et d'un outillage approprié, peuvent travailler le bois et le fer.

L'enseignement théorique et scientifique n'est pas négligé et, en déhors des études coloniales générales : géographie, hygiène, colonisation, etc., on y apprend le chinois, le russe, l'espagnol.

Institutions diverses. — Des cours coloniaux sont faits dans la plupart des autres écoles commerciales belges.

Au programme de la troisième année de l'École des hautes études commerciales et consulaires de Liège, fondée en 1898, figure l'enseignement de la géographie commerciale, industrielle et coloniale.

L'histoire et la géographie commerciale et industrielle sont également enseignées à l'Institut Saint-Ignace d'Anvers et à l'École supérieure commerciale et consulaire de Mons, fondée en 1901.

Musée de Tervueren. — Le Musée commercial colonial, fondé a Tervueren, près de Bruxelles, par l'État Indépendant du Congo, offre de précieux éléments d'instruction coloniale. C'est un établissement incomparable comme richesse de collections et ornementation artistique.

Les deux grandes sections qui le composent concourent efficacement à la divulgation de tout ce qui concerne la belle colonie belge de l'Afrique équatoriale.

Les collections de la section scientifique, présentées sous différents aspects, permettent d'étudier l'ethnographie, la faune et la flore congolaises.

Les produits d'exportation et d'importation, les documents, tableaux, maquettes relatifs au transport et à l'exploitation, de la section économique, donnent des renseignements faciles et clairs sur le commerce et l'industrie de la colonie africaine.

Une section accessoire est réservée aux œuvres d'art inspirées par le Congo : tableaux, statuettes d'ivoire, meubles de luxe, etc.

L'œuvre intéressante du musée de Tervueren se complète par la publication d'un *Bulletin* annuel et de monographies.

Institut colonial et mondial projeté. — La Belgique se dispose à faire de grands sacrifices pour organiser un vaste enseignement colonial, allant de l'école primaire à la Faculté.

L'éloquent rapport présenté au Congrès international d'expansion économique mondiale de Mons, en 1905, par M. de Vildeman, conservateur au Jardin botanique et professeur au cours colonial de l'École d'horticulture de Vilvorde, indique ce que devra être cet enseignement dans la métropole belge.

Le savant professeur demande la création d'un diplôme de docteur ès sciences coloniales ou d'un grade spécial délivré sur la présentation d'une thèse se rapportant à l'expansion coloniale.

L'enseignement colonial, donné dans les universités par des spécialistes, devra s'étendre sur toutes les sciences coloniales. A cet enseignement général s'ajoutera un enseignement technique donné dans des établissements spéciaux en vue de la formation aux carrières coloniales.

Une école coloniale s'attachant principalement à l'agriculture, à l'hygiène et à la politique indigène paraît indispensable au rapporteur. Un décret du roi Léopold a déjà décidé la création de cette institution, à laquelle sera annexé un musée ayant pour but d'instruire le public et de permettre aux hommes de science et aux coloniaux de compléter et de perfectionner leurs connaissances coloniales.

Le Musée de Tervueren pourra dans ce but être complété par des dioramas « tels un coin de forêt vierge montrant l'indigène saignant des lianes à caoutchouc, une vue du Stanley-Pool, avec sa flottille, un coin de forêt avec des éléphants, un poste de culture, un tournant de fleuve avec des hippopotames, des aspects de brousses de la zone du Katanga et du Tanganiyka. »

Le Musée comportera une salle de conférences où les explorateurs, les voyageurs, les hommes de science viendront exposer le résultat de leurs études sous forme d'un exposé technique et scientifique.

Cette salle de conférences servira également de salle d'exposition où, de temps en temps, la direction du Musée pourra faire étaler sous les yeux des visiteurs, une collection spéciale d'objets ayant servi à la publication d'études monographiques.

Le grand public s'intéressera ainsi aux collections scientifiques qui attirent généralement peu son attention.

M. de Vildeman indique avec quels soins devront être organisés la bibliothèque et le bureau de renseignements, parties intégrantes du Musée colonial.

Ainsi se trouvera constitué un Institut colonial et mondial formé par :

1° Une École coloniale et mondiale supérieure (agriculture au premier rang des études) ;

2° Un Musée colonial et mondial ;

3° Un Bureau de renseignements (principalement coloniaux) ;

4° Une Bibliothèque ;

5° Un Département des publications, recueils, périodiques, questionnaires, etc., où « tous les efforts convergeront vers un même but : le progrès des connaissances utiles au développement de la nation. »

Hollande. — L'enseignement colonial supérieur est fort peu développé en Hollande.

Les cours spéciaux destinés aux fonctionnaires des Indes néerlandaises, qui étaient donnés il y a quelques années dans l'ancienne
école commerciale, ont été dispersés dans les deux facultés de Lettres
et de Droit de Leyde.

Ces cours comportent : le droit mahométan, les institutions et
coutumes des Indes orientales, le droit public, l'organisation des
colonies et possessions d'outre-mer, l'ethnologie de l'archipel des
Indes néerlandaises, les langues malaise et javanaise. Cet enseignement colonial est suivi par des jeunes gens qui désirent faire leur
carrière dans l'administration et la magistrature des Indes néerlandaises.

Les candidats subissent un examen à la fin de leurs études.

Un cours de cultures tropicales est fait à l'École d'agriculture de
Wagenningen.

Les maladies des pays chauds sont étudiées à l'Université
d'Utrecht.

Une active propagande est faite par les publications et les conférences de la Société néerlandaise pour l'avancement des sciences
coloniales.

Musée colonial de Haarlem. — On ne peut décrire le Musée de
Haarlem sans dire un mot du merveilleux établissement de recherches
scientifiques coloniales créé par la Hollande en 1817, à Buitenzorg,
dans l'île de Java, qui réunit tout ce qu'une nation civilisée peut
entreprendre de mieux pour l'exploitation d'une colonie, et qui a
fourni au musée métropolitain ses principales collections.

Le Jardin de Buitenzorg, admirablement organisé, répond pleine-
ment à toutes les exigences scientifiques.

Le travail pratique et la propagande ne peuvent être ni plus
intenses, ni plus sagement combinés. Les résultats des diverses
sections botaniques sont rassemblés dans les *Annales du Jardin
botanique de Buitenzorg*, revue scientifique, imprimée en trois
langues : française, anglaise, allemande.

Plusieurs autres publications servent à · développer l'action
scientifique et pratique de l'Institution et de ses dépendances.

Fondé en 1865 sur l'initiative de la Société néerlandaise pour le
progrès de l'Industrie, le Musée de Haarlem est le plus ancien et l'un
des plus intéressants musées coloniaux d'Europe,

Le vaste palais qui l'abrite, situé dans le magnifique bois de Haarlem, donne également asile au Musée des Arts appliqués à l'Industrie. C'est un édifice de style italien datant du XVIIIᵉ siècle qui a servi autrefois de résidence princière.

De 1865 à 1871, ce Musée a offert un curieux amoncellement d'objets les plus divers, placés au hasard dans les places disponibles : arcs, flèches, poignards à manches finement sculptés, collections de bois indigènes, de fibres végétales, de dessins et gravures, dons du ministère des Colonies, des établissements commerciaux, de la Société d'Exploration scientifique de l'archipel indien et des directeurs du jardin de Buitenzorg.

En 1871, M. Van Eden, directeur du Musée, entreprit la tâche de mettre de l'ordre dans ces collections et de les classer avec méthode.

D'après le classement adopté, les différents produits sont nettement séparés et chacun d'eux se trouve, sous ses diverses formes, dans la même salle avec tous les documents concernant son origine, son exploitation ou sa culture et ses applications dans l'industrie.

Pour avoir une idée complète de la méthode suivie dans l'organisation du Musée, il faut en parcourir les différentes salles.

La plus vaste est réservée aux grandes cultures coloniales (café, thé, riz, poivre, tabac, quina, sucre, etc.). A côté des divers échantillons de café, d'origine différente, se trouvent des documents photographiques ou autres sur les différents stades de la culture, des renseignements sur la pathologie de cette plante, enfin des statistiques donnant au commerçant ou au planteur des indications économiques précieuses.

La salle consacrée aux bois renferme plus de deux mille essences différentes portant chacune une petite fiche qui donne, avec le lieu d'origine, quelques renseignements pratiques.

A côté des produits naturels sont les produits travaillés : tables, chaises, meubles de toutes sortes. Parmi ces objets se trouve une gigantesque table ronde de deux mètres de diamètre d'une seule pièce, provenant de l'*Alstonia Scholaris* des Indes néerlandaises. Cette salle est fréquemment visitée par les ouvriers ébénistes qui viennent se rendre compte de la qualité des différents bois.

Les textiles végétaux occupent plusieurs salles. Les produits naturels (agaves, ananas, pendames, cocotiers, manille, etc.), ont à leur suite les produits fabriqués par l'industrie métropolitaine et par l'industrie indigène.

Une salle est réservée aux matières médicamenteuses, aux graines et aux huiles, etc. ; une autre, au caoutchouc et à la gutta-percha.

Puis vient la salle des matières alimentaires et des fruits qui contient les aliments européens et les aliments utilisés par les indigènes.

Les fruits sont conservés dans l'alcool ou dans un autre liquide approprié. A côté du fruit conservé, se trouvent un moulage donnant une idée exacte de sa forme et de sa dimension à l'état frais, et une aquarelle renseignant sur le port de la plante ou sur l'aspect du fruit attenant à l'arbre.

Les produits animaux sont rassemblés dans une salle spéciale divisée en deux parties : dans l'une sont rangés les animaux utiles et leurs produits naturels et travaillés ; dans l'autre, les animaux nuisibles et leurs effets destructeurs dans les forêts et dans les cultures. A signaler dans cette salle une intéressante collection de parasites animaux et d'insectes nuisibles.

Une petite salle est affectée aux expositions temporaires des principaux produits des colonies hollandaises.

Au premier étage, se trouvent les bureaux ; la bibliothèque, riche en ouvrages spéciaux, soigneusement rangés par séries suivant les produits qu'ils traitent ; la salle des conférences où des professeurs, des agriculteurs, des commerçants, des explorateurs, viennent entretenir le public sur des sujets coloniaux.

Dans les salles du deuxième étage sont rassemblés les documents concernant les colonies étrangères. Deux salles sont affectées au service géographique.

Des laboratoires destinés à l'analyse et à l'essai technique des nouveaux produits coloniaux occupent divers petits pavillons indépendants situés dans le parc qui entoure le palais.

Le Musée de Haarlem ne borne pas son action au classement méthodique des collections et à l'étude botanique et chimique des produits coloniaux; il propage les connaissances coloniales en organisant des conférences et en publiant des bulletins et des notices d'un haut intérêt scientifique et pratique. Les plus importantes de ces publications sont : le Bulletin du Musée (*Bulletin Van het Konial Museum te Haarlem*) qui donne de nombreux renseignements sur le commerce et l'industrie des colonies et contient de nombreux dessins de plantes utiles ou de produits manufacturés ; le Bulletin illustré

(*Nuttige Indische Planten*), publication scientifique sur l'étude des plantes utiles des Indes néerlandaises.

La publication des notices est l'œuvre du docteur Greschoff, directeur actuel du Musée. Ces notices, d'une lecture attrayante, sont des monographies très complètes de produits coloniaux.

Des collections de photographies, représentant les cultures et les différents produits des colonies hollandaises, sont distribuées gratuitement, par les soins de l'administration du Musée, aux écoles primaires.

Italie. — L'Italie possède encore peu de colonies, mais elle envoie chaque année de nombreux émigrants dans le Levant, l'Afrique du Nord, les États-Unis et l'Amérique du Sud. Son influence et ses relations commerciales se développent par cette émigration abondante et régulière.

L'enseignement colonial donné dans diverses institutions italiennes a principalement pour but de former des agents propres à diriger et à protéger cette émigration, et à la rendre profitable aux intérêts du pays. Quelques unes de ces institutions ont une existence déjà ancienne.

Ce sont : l'Institut oriental de Naples et l'Institut italo-grec de San-Demetrio (Calabre).

Les autres, tels que l'Institut international de Turin, l'École polico-diplomatique annexée à l'Université de Naples, l'École diplomatico-coloniale annexée à l'Université de Rome, sont de fondation plus récente. L'Institut colonial agricole de Florence, à peine organisé, n'a pas encore ouvert ses portes.

Institut oriental de Naples. — Cet institut est la plus ancienne école de langues vivantes d'Europe.

Fondé en 1827 par le père jésuite Matteo Ripa d'Eboli, pour faire l'éducation de cinq jeunes Chinois qu'il avait emmenés de Chine, cet établissement reçut plus tard des Chinois, des Hindous et des Européens.

Un décret du 12 septembre 1869 en modifia le règlement : L'internat prenant le nom de Collège asiatique, fut réservé aux Italiens et étrangers désireux de se perfectionner dans les sciences ayant trait aux explorations et au commerce d'Asie.

Les décrets royaux des 28 octobre et 8 décembre 1887, firent de cette institution une école spéciale pour la formation du personnel des légations, des consulats et des écoles italiennes à l'étranger et firent porter l'étude des langues sur le chinois, l'arabe, le persan, le turc, l'hindoustani, le japonais, le slave, le serbe et le grec moderne.

Des cours supplémentaires de droit international privé, de droit diplomatique et consulaire, d'histoire des traités, annexés à la Faculté de Naples furent donnés aux élèves. Mais en fait le Collège asiatique et les cours universitaires vécurent dans le plus complet isolement.

Par la loi de 1888, le Collège asiatique devint l'Institut oriental qui enseigna le persan, l'hindoustani, le grec moderne, l'amangue, le turc, l'arabe, le chinois, le japonais, l'albanais, le russe, l'anglais et les rapports des Européens avec l'Orient.

Collège italo-grec de San-Demetrio Corona. — Le pape Clément XII de la famille des Corsini, fonda en 1732, à San-Benedetto-Lano, province de Cosenja, un collège pour donner une éducation morale et civile aux jeunes Albanais dont les familles, fuyant la domination turque, s'étaient réfugiées dans les montagnes du Sile et d'Aspromonte.

De San-Benedetto, l'établissement fut transféré par Ferdinand IV, fils de Charles III d'Espagne, à San-Demetrio Corana et fut appelé depuis Collège italo-grec Corsini San-Adriano. Cette institution végéta sous les Bourbons de Naples qui s'en montrèrent les adversaires obstinés. Elle redevint prospère après le décret de Garibaldi, promulgué le 25 octobre 1860.

Le grand patriote écrivit à ce sujet : « Je prends note des conditions déplorables du Collège italo-grec de San-Adriano en Calabre et je tiens à m'occuper de cette noble institution qui répand la culture au milieu de la jeunesse albanaise de ladite province et de la Basilicata et qui s'était écartée de son programme. Je veux enfin l'arracher à toute influence étrangère et ramener les choses à leur état ancien en me servant de tout ce que la civilisation moderne offre à la jeunesse studieuse. »

Une organisation récente a établi des relations constantes entre le collège de San-Demetrio et les écoles italiennes à l'étranger, surtout celles de la péninsule balcanique.

Institut royal international de Turin. — Inauguré le 21 novembre 1867, cet institut reçoit des élèves d'origines diverses : Italiens nés à l'étranger, désireux de faire leur éducation dans la mère-patrie, Italiens voulant se fixer à l'étranger, jeunes gens de nationalité étrangère.

Les élèves actuels sont des Italiens de la métropole, des fils d'Italiens établis en Amérique, en Asie, en Afrique et en Europe, des Japonais, des Birmans et des Egyptiens.

Le décret du 8 janvier 1899, qui a réorganisé l'Institut royal international, a stipulé que cet établissement devait avoir pour but « de développer et de raffermir les liens entre les Italiens et les étrangers, et surtout ceux qui unissent la patrie-mère à ses colonies, en donnant une culture moderne aussi bien aux fils d'Italiens établis à l'étranger qu'aux étrangers eux-mêmes ».

Sauf le cours commercial qui a lieu à l'Institut, l'enseignement se donne dans les autres écoles secondaires ou supérieures de la ville.

L'Institut royal international de Turin est, en réalité, un internat dont les élèves suivent la plupart de leurs cours dans d'autres établissements.

École diplomatique coloniale. — Les cours de sciences économiques et administratives annexés à la Faculté de Droit de Rome en 1878, furent les premiers éléments qui constituèrent l'École diplomatique coloniale à la suite du décret du 5 décembre 1901.

Cette école, destinée à ceux qui aspirent aux carrières diplomatiques, a pour programme d'études : 1° Le droit diplomatique consulaire, maritime et l'histoire des traités ; 2° la politique de l'émigration et des colonies ; 3° la politique commerciale et la législation douanière ; 4° la géographie et la politique coloniale.

Institut colonial agricole de Florence. — Le docteur Gino-Bartolommei Gioii, professeur à l'Université de Florence, auteur de nombreux ouvrages sur les productions agricoles des colonies italiennes, présenta, au mois de juin 1905, à l'Académie de Géographie de Florence, un mémoire sur la nécessité de créer un institut colonial agricole dans la péninsule italienne.

En des termes d'une rare éloquence et d'une haute portée sociale, le savant professeur montrait que l'Italie devait suivre l'exemple des autres grandes nations de l'Europe qui ont porté leur initiative et leur activité vers les contrées lointaines qu'elles ont entrepris de civiliser et de mettre en valeur.

Pour créer des capacités techniques qui doivent conduire les meilleures énergies à la conquête des marchés extérieurs et à l'exploitation des colonies, les États coloniaux modernes ont créé ou sont sur le point de créer des écoles, des musées, des jardins et des instituts coloniaux, des écoles commerciales avec section coloniale.

Il faut donner aux colons les connaissances théoriques et pratiques qui leur permettront de tirer un meilleur parti des terres lointaines.

L'instruction agricole n'est pas moins nécessaire aux nombreux Italiens établis dans les pays étrangers qui, presque tous, appartiennent à la population des campagnes.

Faute de connaissances professionnelles et de direction, ces hommes, habitués aux travaux des champs, se voient forcés d'accepter les besognes les plus rudes et les plus rebutantes. Souvent même, des trafiquants sans scrupule se livrent sur ces malheureux aux spéculations les plus honteuses.

M. G. Bartolommei déclarait, d'après les statistiques officielles, que cette émigration, qui n'a cessé d'augmenter depuis quelques années, avait dépassé le demi-million en 1903. Des villages entiers de la Basse-Italie se dépeuplent.

Cette émigration n'est pas un phénomène physiologique; elle résulte de la surpopulation qui ne peut trouver dans ce pays encore fermé aux grandes entreprises industrielles, l'emploi de son activité.

D'après ces statistiques, 4.200.000 Italiens résident à l'étranger; 1.000.000 de ces derniers sont restés en Europe et 3.200.000 (chiffre égal à celui de la population du Piémont) se sont dirigés vers les colonies d'Amérique et d'Afrique, vers quelques régions asiatiques et australiennes. Ce chiffre total de 4.200.000 est supérieur à la huitième partie de la population italienne sédentaire.

Puisqu'il est impossible d'arrêter cet exode, il faut essayer de le réglementer et de l'utiliser dans le sens du développement de l'influence et du commerce extérieurs de l'Italie.

L'idée de fonder un institut colonial agricole à Florence reçut le meilleur accueil des sociétés savantes et des assemblées publiques de la Péninsule. Cette ville aux riches traditions agricoles est abondamment pourvue d'institutions scientifiques et d'écoles de toute sorte qui peuvent être d'utiles auxiliaires pour l'Institut colonial.

Celui-ci, organisé d'après les statuts et les programmes dressés par le docteur G. Bartolommei, attend pour entrer en fonctionnement, le règlement de quelques questions de détail.

L'Institution florentine aura pour but essentiel de préparer les jeunes gens aux entreprises agricoles coloniales, le personnel nécessaire aux offices agricoles coloniaux et celui qui sera appelé à diriger et à conseiller l'émigration sur les pays où elle doit s'établir.

Les émigrants doivent trouver à leur arrivée à l'étranger une catégorie de concitoyens qui par leur moralité, leur culture, leur expérience du milieu, pourront leur donner des conseils très précieux, spécialement pendant la pénible période du commencement.

Pour rendre plus solide la préparation de bons agriculteurs coloniaux et du personnel technique et pratique des divers services mentionnés ci-dessus, l'École d'agriculture coloniale devra recruter ces élèves parmi les licenciés des écoles pratiques et spéciales d'agriculture les plus distingués par l'intelligence et la bonne conduite.

Les programmes indiqués plus loin supposent chez les candidats à l'Institut des connaissances agricoles et scientifiques.

Les élèves seront appelés à compléter leur culture par des études de botanique coloniale, de technologie des produits agricoles coloniaux, de l'élevage des bestiaux et de l'utilisation des produits animaux dans les pays d'outre-mer, de la législation, de l'économie et de l'hygiène des pays chauds.

A son action didactique, l'Institut devra ajouter le caractère d'un vrai centre de culture coloniale spéciale où pourront se diriger, pour compléter leur instruction, pour acquérir les connaissances des ressources agricoles des nouveaux pays, pour connaitre l'utilisation industrielle et commerciale de ces produits, tous ceux qui veulent se consacrer aux entreprises coloniales, soit dans les colonies et pays étrangers, soit dans l'Erythrée et le Benadir. Avec son personnel technique, ses laboratoires de chimie et de botanique appliquée, sa bibliothèque, son musée, ses serres, ses terrains, ses correspondants agricoles dans les pays propices à l'émigration rurale, il pourra donner à sa fonction didactique une empreinte toute pratique.

L'action de ses divers organes aura encore pour but de répandre parmi les émigrants pauvres et aisés, au moyen de publications populaires techniques, les multiples règles de l'hygiène, de la culture rationnelle et la connaissance des procédés agricoles et de la valeur industrielle et commerciale des produits du sol.

L'Institut colonial sera un auxiliaire efficace de l'Institut interna‑
tional d'agriculture dans cette partie des recherches studieuses et des
connaissances qui intéressent spécialement les productions tropicales
et subtropicales.

En somme, l'Institut, par son action complexe mais harmonieu‑
sement coordonnée, entreprendra de coopérer efficacement à l'amélio‑
ration technique et économique de l'émigration agricole et d'imprimer
à l'action colonisatrice les principes rationnels acceptés par les autres
puissances colonisatrices.

L'Institut sera administré par un conseil d'administration com‑
posé : 1º d'un représentant du gouvernement de la colonie de
l'Erythrée ; 2º de deux représentants du Commissariat de l'Emigration ;
3º d'un représentant de l'Institut international d'agriculture ; 4º d'un
représentant des Sociétés savantes ; 5º du Directeur de l'Institut.

La durée des cours de l'École d'agriculture coloniale sera de
deux ans.

Les leçons seront réparties soit dans les locaux annexés à la
direction, soit dans les autres que l'Institut pourrait obtenir, et pour
les démonstrations pratiques il y aura des terrains, des serres, des
laboratoires, une bibliothèque et un musée pourvu de tous les autres
matériaux d'études fournis par les instituts similaires.

Un musée agricole, de caractère didactique, rassemblera les
échantillons instructifs des produits agricoles et naturels, végétaux et
animaux provenant des colonies d'État et des régions vers lesquelles
se dirige et pourra se diriger l'émigration italienne.

Dans les terrains et dans les serres de l'Institut seront cultivés les
graines et les plans des végétaux coloniaux à distribuer à titre d'expé‑
rience aux résidents des colonies.

L'enseignement fondamental de l'École comprendra les matières
ci-après : climatologie, agronomie et agriculture coloniales ; physio‑
logie, géographie botanique et pathologie végétale ; chimie agricole
et chimie technologique coloniales ; zoologie agricole, zootechnie
coloniale et hygiène des bestiaux ; hygiène coloniale ; géographie et
hygiène coloniales ; mécanique coloniale agricole ; économie rurale ;
comptabilité agricole coloniale ; économie et législation coloniales ;
langues étrangères (anglais, français, espagnol au choix de l'élève).

Pourront être institués définitivement ou temporairement des
cours complémentaires de langues exotiques et autres sur les cultures

et les industries de quelque importance quand l'opportunité s'en présentera et selon les indications fournies par le courant de l'émigration.

Des conférences pourront être faites par des explorateurs, des agriculteurs et des commerçants venus des pays extra-européens.

L'École recevra des éleves titulaires et des auditeurs libres.

Seront admis comme élèves titulaires : les licenciés des écoles pratiques d'agriculture du Royaume, tant privées que gouvernementales et ceux des écoles spéciales d'agriculture.

Seront admis comme auditeurs libres : les lauréats en agriculture, les licenciés de l'Institut forestier de Vallombrosa, les licenciés des écoles spéciales d'agriculture, les licenciés des sections d'arpentage et d'agriculture des instituts techniques.

Seront admis à fréquenter les laboratoires, le musée, la bibliothèque, les serres et les châmps d'essais de l'Institut, sur l'autorisation du directeur, tous ceux qui se livrent à l'étude des questions agricoles coloniales.

Les élèves titulaires qui auront fréquenté les cours avec assiduité et profit, et en auront fourni des preuves devant le conseil des professeurs recevront un diplôme de licencié ; aux auditeurs libres il sera délivre un certificat de fréquentation.

M. G. Bartolommei Gioli, directeur de l'Institut colonial agricole, aura pour principaux collaborateurs : MM. Baccarini, professeur de botanique à l'Institut des études supérieures de Florence ; Marinelli, professeur de géographie au même Institut ; Dalla Volta, professeur d'économie politique à l'École des sciences sociales ; Niccoli, professeur de comptabilité agricole à l'Université de Pise ; Marchi, professeur de zootechnie à l'École supérieure d'Agriculture de Pérouse.

L'Italie possède un Jardin botanique colonial à Palerme et un Musée colonial à Rome qui peuvent contribuer largement au développement de l'enseignement des choses d'outre-mer.

Russie. — Avant la conquête japonaise, l'Institut oriental de Vladivostock, fondé en 1889, qui préparait aux fonctions administratives, industrielles et commerciales de l'Extrême-Orient, était le seul établissement russe d'enseignement colonial proprement dit.

Cet enseignement comprenait : la géographie générale, la géographie commerciale, l'histoire du commerce, les religions, l'organisation politique, commerciale et industrielle, l'histoire moderne, la langue, la constitution politique, la situation commerciale et industrielle d'Extrême-Orient : Chine, Japon, Corée.

L'arabe, le persan, le tartare, le turc sont enseignés à l'Institut des langues orientales du ministère des Affaires étrangères; le chinois, le mongol et le mandchou à l'Université de Saint-Pétersbourg.

Portugal. — En 1901, M. Penha Garcia rédigea un mémoire sur la nécessité d'établir en Portugal un enseignement colonial destiné à répandre les connaissances utiles à l'expansion coloniale portugaise.

La vaillante nation qui a répandu sa langue et sa civilisation aux quatre coins du monde a des éléments admirables pour organiser cet enseignement. Des cours coloniaux sont faits dans les jardins botaniques de Lisbonne et de Coimbre. Le Portugal entretient dans les colonies des agronomes ayant pour mission de faire progresser l'agriculture.

Espagne. — Malgré leurs grands revers coloniaux, les Espagnols ont gardé le goût des entreprises lointaines.

En leur apprenant ce que doit être de nos jours la véritable exploitation des colonies, l'enseignement colonial donnera aux descendants des anciens conquistadores le moyen de reprendre un rang honorable parmi les grandes puissances colonisatrices.

Cet enseignement est encore peu répandu dans la péninsule ibérique, mais le décret royal d'octobre 1890, qui exige des candidats aux fonctions coloniales des notions de droit, d'économie politique et de colonisation, doit logiquement donner à ces candidats le moyen d'acquérir ces connaissances nouvelles.

TABLE DES MATIÈRES

Marseille. — Typographie et Lithographie BARLATIER, rue Venture, 19.